Ludwig Maria Grignion

DAS GNADEN-GEHEIMNIS MARIENS

Kloster von Bethlehem
Marienheide

Hl. Ludwig Maria Grignion von Montfort

# DAS GNADEN-GEHEIMNIS MARIENS

Übertragung, Einführung, Erläuterungen
und Anwendungen auf das geistliche Leben
von P. Dr. Andreas Back, Claretiner

MIRIAM-VERLAG

IMPRIMATUR

des Ordensobern: P. Peter Schütz CMF, Provinzial, 11. 8. 1971

des Erzbischöflichen Generalvikariats:
Freiburg i. Br. Nr. 10979 vom 5. 11. 1971
Generalvikar Dr. Schlund

Titelbild:

»Schöne Madonna« von Michael Pacher
(1430-1498)

2. Auflage 6. - 10. Tausend 1983

© MIRIAM - VERLAG · D-7893 JESTETTEN

Alle Rechte der Übersetzung und auch der auszugsweisen
Wiedergabe vorbehalten.

---

Gesamtherstellung:
Miriam-Verlag + Druckerei, D-7893 Jestetten

ISBN 3-87449-032-7

## ZUM GELEIT

Das *Geheimnis Mariens* ist eine wahre Perle unter den Schriften über marianische Lebensgestaltung. Das Büchlein hat eine ruhmreiche Vergangenheit. Gut 250 Jahre sind verstrichen, seit der heilige Ludwig Grignion uns diese kleine, der äußeren Aufmachung nach unscheinbare Schrift geschenkt hat. Marienbücher ohne Zahl, große und kleine, gelehrte und ungelehrte, sind mittlerweile in die Welt gezogen, aber das Geheimnis Mariens hat unter den vielen seinen Platz behauptet. Trotz der nachdrängenden Neuerscheinungen, ja trotz mancher Anfeindung, hat es sich immer wieder durchgesetzt, ist nach und nach in alle Kultursprachen übersetzt worden und erlebt heute noch eine Neuauflage nach der anderen. Ein Büchlein, das sich so lange am Leben erhalten, so viele Seelen schon beglückt und einige wenige auch geärgert hat, kann kein alltägliches sein.

### *DIESE NEUAUSGABE*
### *DES GEHEIMNISSES MARIENS*

bezweckt ein dreifaches. Sie möchte

1. die segensreiche Lehre des heiligen Ludwig Grignion in weitere Kreise tragen;

## Zum Geleit

2. das rechte Verständnis dieser Lehre fördern, Vorurteile aus dem Wege räumen, irrigen Auffassungen entgegentreten;
3. zweckdienliche Winke geben zu christlich-marianischer Lebensgestaltung. Nach der Lehre des II. Vatikanischen Konzils sind alle Getauften zur christlichen Vollkommenheit berufen (LG, 5. Kapitel). Ludwig Grignion zeigt uns einen bewährten, gnadenvollen Weg zu diesem Ziele.

Die drei bisherigen Auflagen dieser Schrift waren im Verlag Ferdinand Schönigh-Paderborn unter dem Titel „Durch Maria zu Jesus" erschienen. Diese neue Auflage wird vom Miriam-Verlag Jestetten unter dem Titel „Das Geheimnis Mariens" herausgegeben. Sie ist in mancher Hinsicht bereichert worden; einiges ist gestrichen, vieles beigefügt worden. Vor allem sind, wie es recht und billig ist, die Marienlehre des II. Vatik. Konzils und sonstige neuere kirchliche Verlautbarungen über die Marienverehrung in die Erläuterungen einbezogen worden.

Der hl. Josef, Bräutigam der Gottesmutter, Schirmherr der Kirche und Schutzheiliger des Lebens der Innerlichkeit, gebe der neuen Auflage das Geleite!

Der Herausgeber: P. Dr. A. Back<br>Claretinerseminar Würzburg

## Abkürzungen im Buche

| | |
|---|---|
| Ludwig Grignion | L Gr |
| Geheimnis Mariens | Geh M |
| Abhandlung über die Wahre Andacht zu Maria vom hl. Ludwig Grignion | Abh |
| Lumen Gentium, Dogmat. Konstitution über die Kirche | LG |

# INHALTSÜBERSICHT

Zum Geleit ..... 5

### Einführung

Grundlage und Eigenart der Marienlehre des hl. Ludwig Grignion ..... 18
Ursprung und Bestimmung des Büchleins ..... 21
Wie das Büchlein zu lesen ist ..... 25
Ein Wort zur Übersetzung und Neuausgabe ..... 27

### Einleitung

1. Mit welcher Verfassung das Geheimnis Mariä hinzunehmen ist ..... 30
2. Lies nicht weiter, ohne um Erleuchtung zu beten ..... 32

    Grundlegende Wahrheiten:
3. Selbstheiligung ist des Menschen erste Lebensaufgabe ..... 33
4. Wege und Mittel, um heilig zu werden ..... 34
5. Notwendigkeit des Gnadenbeistandes ..... 35
6. Marienverehrung, das große Gnadenmittel ..... 35

*Inhaltsübersicht*

## I. TEIL

*Marias besondere Stellung im Heilsplane*

*Die große Gnadenvermittlerin*

| | |
|---|---:|
| 7. Maria allein hat Gnade gefunden bei Gott | 39 |
| 8. Maria ist die Mutter der Gnade | 39 |
| 9. Gott der Vater hat Maria alle Gnaden anvertraut | 39 |
| 10. Maria ist die Schatzmeisterin Gottes geworden | 40 |
| 11. Gott ist unser Vater; Maria soll unsere Mutter sein | 41 |
| 12. Maria ist in einem die Mutter des Hauptes und der Glieder des mystischen Christus | 41 |
| 13. Maria, die fruchtbare Braut des Hl. Geistes | 42 |
| 14. Nahrung und Wachstum empfangen die Kinder Gottes von Maria | 43 |
| 15. Nach dem Ratschluß der heiligsten Dreifaltigkeit soll Maria in den Seelen ihre Wohnung aufschlagen und dort wirken | 44 |
| 16.–17. Maria ist die wunderbare Form Gottes und des Menschen | 46 |
| 18. Unterschied zwischen den Seelen, die von irdischen Meistern, und jenen, die von Maria gebildet worden sind | 49 |

*Inhaltsübersicht*

19. Maria ist die besondere Welt, der Lustgarten Gottes — 50
20. Es ist eine große Gnade, vom Hl. Geist in das Geheimnis Mariens eingeführt zu werden — 51
21. Ferne davon, den engen Anschluß an Gott hintanzuhalten, fördert ihn Maria — 52
22. Kreuz und Leid bleiben das Los des Marienverehrers, aber sie erdrücken ihn nicht — 54
23. Lebenswichtige Folgerung aus den bisherigen Darlegungen: Suchen wir Maria — 55

## II. TEIL

*Die Ganzhingabe an Maria durch eine besondere Weihe*

### 1. Hauptstück

*Stufen der Marienverehrung*

24. Es gibt verschiedene Arten echter Marienverehrung — 58
25. Erste Stufe der Marienverehrung — 58
26. Zweite Stufe der Marienverehrung — 58
27. Die dritte, das heißt vollkommenste Stufe der Marienverehrung — 59

*Inhaltsübersicht*

## 2. Hauptstück

*Wesen und Umfang der Ganzhingabe an Maria*

| | | |
|---|---|---|
| 28. | Wesen der Ganzhingabe | 60 |
| 29. | Umfang der Ganzhingabe an Maria | 60 |
| 30. | Maria verfügt dann über den genugtuenden und fürbittenden Wert unserer guten Werke | 61 |
| 31. | Maria wacht über unsere Verdienste | 62 |
| 32. | Dreierlei Sklavenschaft oder Abhängigkeit | 64 |
| 33. | Sinn der freiwilligen Sklavenschaft | 64 |
| 34. | Glück der Ganzhingabe | 66 |

## 3. Hauptstück

*Die großen Vorteile der Ganzhingabe*

| | | |
|---|---|---|
| 35. | Wir ahmen dadurch die drei göttlichen Personen nach | 66 |
| 36. | Die Ganzhingabe an Maria bedeutet die beste Haltung Christus gegenüber | 67 |
| 37. | Maria läutert unsere Werke und überreicht sie Gott | 67 |
| 38. | Die Enteignung macht uns reich | 69 |
| 39. | So üben wir die vollkommene Nächstenliebe | 70 |
| 40. | Maria wird nach der Ganzhingabe über unsere geistlichen Schätze wachen | 71 |

*Inhaltsübersicht*

41. Die Ganzhingabe fördert die innere Freiheit und den Seelenfrieden — 73
42. Die Übung der Ganzhingabe ist von der Kirche gutgeheißen und wurde von zahlreichen heiligmäßigen Personen gepflegt — 75

## III. TEIL

*Die Gestaltung unseres Lebens in völliger Abhängigkeit von Maria*

### 1. Hauptstück

*Die inneren Übungen der Ganzhingabe*

43. Siehe Text — 77
44. Die Ganzhingabe fordert die ständige innere Abhängigkeit von Maria — 77
45. Alles *mit* Maria tun — 79
46. Damit Maria in der Seele wirken kann, soll diese auf sich verzichten und die Meinungen Mariens übernehmen — 80
47. Alles *in* Maria tun — 80
48. Alles *durch* Maria tun — 84
49. Wir sollen alles *für* Maria tun — 84

*Inhaltsübersicht*

## 2. Hauptstück

*Wichtige Winke und Weisungen*

| | |
|---|---|
| 50. Gehe nicht geradewegs zum Heiland | 86 |
| 51. Ringe nicht um gefühlsmäßiges Innewerden im geistlichen Leben | 88 |
| 52. Habe Geduld, wenn du die Nähe Mariens nicht gleich inne wirst | 89 |

## 3. Hauptstück

*Segensreiche Früchte dieser Andacht*

| | |
|---|---|
| 53. Die Erfahrung lehrt erst ganz den hohen Wert dieser Andacht | 90 |
| 54. Maria soll sich in uns betätigen können | 91 |
| 55. Marias Leben fließt gewissermaßen in das unsrige ein | 92 |
| 56. Als fruchtbare Gottesmutter bringt Maria in uns Christus hervor | 93 |
| 57. Weitere Wirkungen Mariens in der Seele | 94 |
| 58. Rolle Mariens bei der zweiten Ankunft Jesu Christi | 95 |
| 59. Die großen Männer der letzten Zeiten werden durch Maria Großes wirken | 96 |

*Inhaltsübersicht*

## 4. Hauptstück

### Äußere Übungen der Ganzhingabe

| | |
|---|---:|
| 60. Siehe Text | 96 |
| 61. Tag der großen Weihe | 96 |
| 62. Feier des Gedenktages der Weihe | 97 |
| 63. Feier des Festes Mariä Verkündigung | 97 |
| 64. Das Beten der kleinen Krone der allerseligsten Jungfrau und das Magnifikat | 98 |
| 65.–69. Siehe Bemerkungen im Text | 100 |

## IV. TEIL

### Pflege und Wachstum des Baumes des Lebens

| | |
|---|---:|
| 70. Winke und Weisungen, um Maria in der Seele wirken zu lassen | 101 |
| 71. Irdische Stützen darf dieser Baum nicht haben | 102 |
| 72. Er muß wohlbehütet werden | 102 |
| 73. Verzicht und Selbstverleugnung fördern ihn am meisten | 103 |
| 74. Gefährliche Feinde sind die Eigenliebe und der Hang zur Bequemlichkeit | 103 |
| 75. Das Schlimmste für den Lebensbaum ist die Sünde | 103 |
| 76. Der Baum muß oft begossen werden, wenn er Früchte tragen soll | 104 |
| 77. Laß dich durch keine Schwierigkeiten an der Ganzhingabe an Maria irremachen | 104 |
| 78. Die Frucht dieses Lebensbaumes ist keine andere als Jesus Christus | 105 |

*Inhaltsübersicht*

# ANHANG

1. Hauptstück: Die Weihe. Die Vorbereitung. Die Weiheformel — 110

   I. Abschnitt der Vorbereitung: 12 Tage — 112

   II. Abschnitt der Vorbereitung: 1. Woche — 113

   III. Abschnitt der Vorbereitung: 2. Woche — 114

   IV. Abschnitt der Vorbereitung: 3. Woche — 115

   Hingabe an Jesus, die Ewige Weisheit durch die Hände Mariens — 117

2. Hauptstück: Alles durch Maria. Erklärung. Anwendung — 125

3. Hauptstück: Drei wichtige innere Übungen — 132

4. Hauptstück: Marianisches Leben und Eucharistie — 138

5. Hauptstück: Wichtige Stellen aus neueren marianischen Verlautbarungen des kirchlichen Lehramtes — 150

6. Hauptstück: Gebetsanhang — 156

# EINFÜHRUNG

*Der Verfasser des Geheimnisses Mariens* ist der hl. Ludwig Grignion. Er wurde am 31. Januar 1673 zu Montfort, einer Kleinstadt der Bretagne in Nordfrankreich, geboren. Seine humanistischen Studien machte er bei den Jesuiten in Rennes, die theologischen in St. Sulpice zu Paris. 1700 zum Priester geweiht, widmete er sich einige Jahre dem Dienste der Kranken im Armenhause zu Poitiers und von 1705 ab mit großem Erfolg den Volksmissionen. Aufgerieben vom Seeleneifer und strengen Bußübungen starb er, erst 43 Jahre alt, vielgefeiert und vielverfolgt am 28. April 1716. Leo XIII. hat ihn am 22. Januar 1888 selig-, Pius XII. am 20. Juli 1947 heiliggesprochen. — Durch seine marianischen Schriften ist der Name Ludwig Grignions ein Begriff geworden.

*DIE SCHRIFTEN DES HEILIGEN LUDWIG GRIGNION sind:*

1. Das Geheimnis Mariens, Brief über die Ganzhingabe an Maria;
2. Die Liebe zur Ewigen Weisheit;
3. Abhandlung über die Wahre Andacht zu Maria;
4. Brief an die Freunde des Kreuzes;

5. Das Wunderbare Geheimnis des hl. Rosenkranzes;
6. Wie erreiche ich die Gnade eines guten Endes;
7. Geistliche Lieder (die kritische französische Ausgabe ist ein mächtiger Band von nahezu 1000 Seiten. Es sind nur wenige übertragen worden);
8. Gebet um Berufe für seine Missionsgenossenschaft.

Der Nachwelt ist L Gr zumal durch zwei der erwähnten Schriften bekannt geworden, nämlich durch die „Abhandlung über die Wahre Andacht zu Maria" (Traité de la Vraie Dévotion à la tres Sainte Vierge) und das hier gebotene „Geheimnis Mariens" (Le Secret de Marie). Beide Abhandlungen, die erste größeren, die zweite geringeren Umfangs, befassen sich mit der Stellung Mariens im Heilswerke Christi, deren Verhältnis zu den Erlösten und den Vorteilen der Weihehingabe an sie in ebenso lichtvoller wie neuartiger Weise. Nach dem Tode des Verfassers († 1716) lagen beide Schriften vergessen und verschollen über ein Jahrhundert in einem Koffer. Erst 1842 sahen sie das Tageslicht wieder und traten dann ihre Wanderung um die Welt an. Sie sind in alle Kultursprachen übersetzt worden und in zahllosen Auflagen erschienen. Wo immer der Ruf und das Verlangen nach vertiefter Marienverehrung laut werden, beruft man sich seitdem auf den heiligen Ludwig Grignion und seine Schriften.

Er hat es in der Tat wie kein zweiter verstanden, die Marienverehrung als *Mittel der Vollkommenheit* zur Geltung zu bringen. Ein Berg von gelehrten und ungelehrten Büchern ist seit seinen Tagen über die selige Gottesmutter geschrieben worden, aber es ist eine unleugbare Tatsache, daß Schriften mit brauchbaren, zweckdienlichen Anweisungen über die Marienverehrung als Mittel zur Vollkommenheit nach wie vor zu den Seltenheiten gehören. Auf diesem Sondergebiet hat Ludwig Grignion bahnbrechend gewirkt und wird auch kommenden Geschlechtern noch Wegweiser sein.

## GRUNDLAGE UND EIGENART DER MARIENLEHRE DES HEILIGEN LUDWIG GRIGNION

In der jetzigen Heilsordnung spielt Maria als Mutter des Erlösers, als dessen erhabene Gefährtin im Heilswerke und als fürbittende Gnadenvermittlerin eine einmalige und einzigartige Rolle (siehe LG Nr. 61 und 62). Alles, was L Gr in seinen marianischen Schriften über die Verehrung Mariens, die Weihe an sie und die christliche Lebensgestaltung in Abhängigkeit von ihr ausführt, ist nur theologische Ableitung von dieser Tatsache der Heilsordnung.

Aus der Stellung und Aufgabe Mariens in der Heilsordnung greift L Gr besonders drei Tatsachen heraus und unterbaut damit theologisch seine Ausführungen: 1. Maria ist nicht bloß Mutter Christi, sondern auch Mutter der Glieder seines mystischen Leibes; 2. Maria steht an der Spitze der Schöpfung und ist Königin des Weltalls; 3. Maria ist kraft ihrer Mitwirkung beim objektiven Erlösungswerke Christi auch an der Zuwendung der Erlösungsfrüchte an die einzelnen Erlösten beteiligt; sie ist Mitvermittlerin aller Gnaden.

Die Ausführungen L Grs sind durchaus folgerichtig. O. Zimmermann schreibt deshalb im Handbuch seiner Aszetik: „Obwohl jeder, der in Gottes Wohlgefallen fortzuschreiten wünscht, viel Marienverehrung in sein geistliches Leben einbauen muß, so ergäbe sich doch aus der Lehre von der *allgemeinen Mittlerschaft Mariens,* der zufolge im ganzen Gnadengeschehen Maria mit dem Vater und mit Jesus Christus tätig ist, die geziemende Folgerung, daß man sie überall *im ganzen Verhältnis zu Gott als Mittlerin dabei habe, verehre und anrufe.* Ludwig Grignion de Montfort hat, das bei anderen hin und wieder Ausgesprochene in einem Gedankenaufbau zusammenfassend, diese ‚vollkommene Andacht zu Maria' gelehrt" (2. Aufl., S. 671).

L Gr ist selbständiger Denker, doch schöpft er reichlich aus dem Strom der Tradition. Er ist stark beeinflußt von der Geisteslehre der französischen Oratorianerschule, der sogen. Ecole française, deren geistiger Vater Kardinal Pierre de

Bérulle (gest. 1629) war. Condren, Olier, Tronson, Boudon, der hl. Vinzenz von Paul und der hl. Johannes Eudes sind aus dieser Geistesschule hervorgegangen. — Wenn man der Entstehungsgeschichte und den Quellen der marianischen Schriften L Grs nachgeht, darf man nicht übersehen, daß der Verfasser Charismatiker war. Es liegt in seinen Schriften ein prophetisch-mystischer Zug.

Zuweilen wird gegen L Gr der Vorwurf erhoben, daß er Maria zu stark in den Mittelpunkt des inneren Lebens stellt. Man tut damit dem Meister Unrecht. Sein Anliegen ist *die Hinführung zu Christus*. Die von ihm empfohlene Marienhingabe ist Aufbruch: Aufbruch zu Christus, zur Kirche, zum Hl. Geist, zum dreifaltigen Gott. Wer L Gr bis zu Ende anhört, zweifelt nicht daran, daß der von ihm gezeigte Weg marianisch, christozentrisch, ekklesiologisch, pneumatisch und trinitarisch ist. — Freunden und Nichtfreunden von L Gr sei zur Beruhigung gesagt, daß dessen Schriften anläßlich des Seligsprechungsprozesses in der gewohnten strengen Weise geprüft und 1853 einwandfrei erklärt worden sind.

Die Gefahr, einem Irrlichte zu folgen, ist also von vornherein ausgeschlossen. Durch die Stellungnahme der obersten kirchlichen Behörde ist eigentlich auch jenen Einhalt oder wenigstens Mäßigung geboten, die diese Schriften als unzeitgemäß, überspannt, ja ketzerisch bezeichnen.

*Einführung*

Wenn Rom einen Weg des inneren Lebens freigegeben oder gar empfohlen hat, dann hat der einzelne nicht mehr das Recht, vor diesem Wege zu warnen oder ihn zu versperren. Die letzten Päpste (vergleiche Nr. 42) haben die Übung Ludwig Grignions nicht nur geduldet, sondern deren Verbreitung auf mancherlei Weise gefördert. Auf diesem Gebiete, wie auf allen anderen des geistlichen Lebens, sind Auswüchse, Übertreibungen, Mißverständnisse nicht ausgeschlossen, aber der Mißbrauch einer Sache ist noch lange kein Beweis für deren Verwerflichkeit oder Wertlosigkeit.

## URSPRUNG UND BESTIMMUNG DES BÜCHLEINS

Es ist immer noch nicht ausgemacht und wird wohl auch nicht mehr geklärt werden können, für wen und in welchen Umständen das Büchlein verfaßt worden ist. Man hat nicht ohne Grund angenommen, daß es ursprünglich für eine Ordensfrau aus der vom heiligen Verfasser gegründeten Schwesterngenossenschaft bestimmt war. Es sei dem, wie ihm wolle, jedenfalls schwebte dem Heiligen beim Schreiben ein größerer Leserkreis vor. Das verrät die ganze Anlage des Büchleins. Wenn auch auf der erhaltenen Abschrift — die Urschrift ist verschollen — der Verfasser nicht mit Namen angeführt wird, so ist die Urheberschaft Ludwig Grignions nie in Frage gestellt worden. Die sprachliche und inhaltliche

*Einführung*

Ähnlichkeit dieser Schrift mit der größeren „Abhandlung über die Wahre Andacht" schließt jeden diesbezüglichen Zweifel aus. Die Aufschrift „Geheimnis Mariens" stammt nicht vom Verfasser, sondern von den späteren Herausgebern. Sie entspricht jedenfalls der Gedankenwelt Grignions und muß als treffend bezeichnet werden. Die erhaltene Abschrift trägt den Titel: Copie d'un manuscrit que feu Monsieur de Montfort avait écrit de sa main et envoyé à une personne de piété: Sur l'esclavage de la Sainte Vierge. Die vorliegende Übersetzung berücksichtigt alle bisherigen Ausgaben, auch die sogenannte édition Type, die von der Librairie Mariale zu Pont-Chateau veröffentlicht worden ist.

*Jeder Christ*, der das Büchlein liest, wird Nutzen daraus ziehen. Nicht jeder wird den seelischen Schwung aufbringen, diese Andacht in ihrem ganzen Umfange zu üben, denn Ludwig Grignion verlangt Hohes und Höchstes, doch wird die Bekanntschaft mit diesem Manne und mit seinem Büchlein in keinem Falle ganz umsonst sein, denn sie trägt in allen Fällen zur Klärung und Vertiefung des Verhältnisses zu Maria bei. Eine Neubelebung und eine wahre Verjüngung des inneren Menschen tritt sicher dort ein, wo mit den Lehren Ludwig Grignions von Montfort Ernst gemacht wird.

Es sei auch unverhohlen ausgesprochen, daß das Büchlein nicht schlechthin für jedermann bestimmt ist. Es zeigt *einen* Weg zu Christus, einen der vielen Wege zu Christus und dem Vater. Er wird niemand aufgezwungen. Grignion sagt nur und kann es nicht genug betonen: Es ist der leichte, kurze, sichere, naturgemäße Weg zu Christus. Er sagt nicht: Du mußt ihn auf jeden Fall einschlagen. Er gibt zu, daß nicht alle Heiligen auf ihm gewandelt sind, wenngleich alle ohne Ausnahme eifrige Marienverehrer waren (Abh Nr. 152).

Andererseits steht dieser Weg *allen offen*, die Lust und Neigung dazu haben und von einem ganz eindeutig bestimmten Gnadenzug nicht in eine andere Richtung gedrängt werden. Die Neigung ist in vielen Fällen ja schon der Ruf der Gnade. Der Hl. Geist führt gerne die Seelen auf diesen Weg. Die einen früher, die anderen später. Manche tappen unsicher im geistlichen Leben herum und kommen erst nach Jahren, vielleicht nach mancherlei Mißerfolgen, Irrwegen und Umwegen auf diesen Weg und fühlen sich dann auf ihm wohl, sicher und geborgen. In keinem Falle darf man sich durch Anfangsschwierigkeiten entmutigen lassen. Dr. Eduard Poppe verspürte bei der ersten Lesung sehr wenig Begeisterung für die Schriften Ludwig Grignions. Die Gedanken schienen ihm alltäglich, der Stil recht holperig. Eine erneute Lesung erfaßte ihn jedoch derart, daß er nach einem späteren Geständnis nachher kein Buch außer der Heiligen Schrift so oft zur

*Einführung*

Hand nahm wie die Werke Ludwig Grignions (Jakobs, Dr. Eduard Maria Poppe, Leutesdorf, S. 57).

*Allen, die den Berg hinaufsteigen,* das heißt in Welt oder Kloster nach der Vollkommenheit streben, hat das Büchlein besonders viel zu sagen. Es soll nach den Absichten des Verfassers dazu dienen pour devenir saint et céleste, um heilig und *jenseitig* zu werden (Geh M. 1,2). Leider erlahmen so viele auf dem Wege zu Gott! Maria hilft der strebenden Seele am Anfang, in der Mitte und am Ende. In den mühsamen Niederungen und auf den lichten Höhen. Auch von der Sandbank hinweg, wo so manche Seele aufgelaufen ist.

*Eines soll nicht unerwähnt bleiben.* Die rechtverstandene Ganzhingabe an Maria ist vereinbar mit jedem Berufe, mit jedem Stande, jeder Bildungsstufe, jedem Alter, jeder Regel, jeder religiösen Bewegung, jeder Gnadenberufung. Sie ist eine Tiefenentwicklung, die in jede äußere Form paßt und von ihr auch wieder unabhängig ist. Josef Engling war Wehrmann und Student († 1918); Matt Talbot Fabrikarbeiter († 1925); Consummata ein Mädchen mitten im Treiben der Welt († 1918); Barbara Pfister eine schlichte Hausangestellte († 1909); Baronin Franziska von Chantal eine vielgeprüfte Familienmutter und spätere Ordensstifterin († 1641); Bonaventura Fink, Lehrerin und Ordensfrau († 1922); P. Jans, ein weißer

Mönch († 1932); Dr. Eduard Maria Poppe, Schriftsteller und Weltpriester († 1924). Gar nicht zu reden von den Zahllosen, die ungenannt und unbekannt in den verschiedensten Lebensverhältnissen, im stillen Kloster oder in der geräuschvollen Welt, nach Ludwig Grignion ihr Leben schon gestaltet haben und immer noch gestalten. Mit einem Worte, die Ganzhingabe an Maria erweist sich überall fruchtbar, wo sie recht verstanden und beharrlich geübt wird.

## WIE DAS BÜCHLEIN ZU LESEN IST

Bücher muß man zu lesen wissen. Wer das „Geheimnis Mariens" in einem Tage liest, hat es nicht gelesen. Er ist schnellen Schrittes durch einen Garten geeilt, ohne sich Zeit zu nehmen, dessen herrliche, duftende Blumen zu würdigen. Grignions Büchlein will Wort für Wort erwogen, mehr betrachtet als gelesen werden. Wer es liest, wie die Hühner das Wasser schlürfen, liest es richtig. Höchstens am Anfang kann man es einmal in größeren Abschnitten durchlesen, um einen allgemeinen Überblick zu gewinnen, später jedoch tut man gut daran, nie zu viel auf einmal zu lesen, sondern immer nur einen oder wenige Abschnitte. Hier heißt es auch: Non multa, sed multum, wenig und gut!

Und man begnüge sich nicht damit, das Büchlein *bloß einmal* zu lesen. Jeder erneute Gang durch seine Zeilen wird sich lohnen. Das Suchen

*Einführung*

führt zum Finden, das Geheimnis wird mehr und mehr zur Offenbarung. Das Geheimnis Mariens ist in seiner Art ein Büchlein wie Skupolis Geistlicher Kampf, den der hl. Franz von Sales ständig bei sich trug, oder die Nachfolge Christi, die der hl. Ignatius von Loyola stets vor sich auf dem Tische liegen hatte. Greife also immer wieder nach Grignions marianischem Handbüchlein. Es gibt Bücher, die man niemals ausliest! P. Jans, der ganz im Geiste des heiligen Ludwig Grignion lebte, schreibt einmal in einem Briefe über dessen Schriften: „Nicht wahr, ein herrliches Büchlein! Ich habe es schon mehrere Male gelesen, aber noch nicht die Gedankentiefe erschöpft!" (P. Anton Jans, Ars Sacra, S. 66).

Grignions unscheinbares Büchlein schließt in Wirklichkeit viel Gottes- und Lebensweisheit in sich. Langsam gelesen und immer wieder beherzigt, wird es viele, vielleicht umfangreichere Schriften über das geistliche Leben ersetzen und der Seele sicherlich mehr Nutzen bringen als das wahllose, naschhafte Lesen von vielen Erbauungsbüchern, wodurch Geist und Gefühl in Spannung gehalten, aber nicht wahrhaft genährt werden. Wenn das Lesen nicht zum Entschlusse führt, dem Ich zu entsagen und in allen Stücken und in allen Lebenslagen den Willen Gottes treu zu erfüllen, dann ist zu befürchten, daß man unterwegs zu Gott viel Zeit verliert und nichts Namhaftes in Dingen der christlichen Vollkommenheit leistet. Wir werden von Ludwig Grignion oft, oft die Worte Selbstverleugnung, Selbstverzicht, Losschälung und ähnliche Ausdrücke zu hören bekommen. Er hält es mit den großen Meistern des inneren Lebens, die immer wieder sagen: „Du wirst in *dem* Grade Fortschritte im inneren Leben machen, als du dir Gewalt antust." Ludwig Grignion übernimmt dieses klassische Wort und erweitert es, indem er beifügt: „. . . . und dich an Maria hältst." Es ist kein Widerspruch mit sich selber, wenn er die Ganzhingabe an Maria dann wieder als den *leichten* Weg zu Christus bezeichnet. Aufgemuntert, erleuchtet und gestärkt durch Maria, bringt die Seele nämlich leicht und gerne Opfer, die ihr früher unmöglich schienen.

## *EIN WORT ZUR ÜBERSETZUNG UND NEUAUSGABE*

Die hier gebotene Neuübersetzung ist von dem doppelten Bestreben getragen, dem französischen Urtext die Treue zu wahren und den Forderungen des deutschen Sprachempfindens gerecht zu werden. Nur in *einem* Punkte glaubte der deutsche Herausgeber vom Texte des Verfassers abweichen zu sollen. Bekanntlich spielen Wort und Begriff „Sklave" in der Marienlehre L Grs eine gewisse Rolle: Er rät an, uns nach Art eines „Sklaven" vorbehaltlos in den Dienst Mariens zu stellen. Da dieser Begriff dem sozialrechtlichen Empfinden unserer Zeit zuwiderläuft, manchen den Zugang zum marianischen Weg L Grs erschwert und zudem nicht zum eigentlichen Wesen der grignionischen Marienhingabe gehört, so lassen wir ihn fallen und heben mehr das in der Gnadenordnung verwurzelte Kindesverhältnis zu Maria hervor. Es ist dabei zu beachten, daß das Kindesverhältnis zu Maria in Wirklichkeit verpflichtender, reichhaltiger und auch beglückender ist als das Sklavenverhältnis, wie es L Gr nach der Auffassung seiner Zeit verstand.

Der schmucklose Stil Ludwig Grignions möge den Leser nicht abschrecken. Unter den schlichten Worten ziehen die kostbaren Goldadern dahin, die man bloßlegen und sich aneignen muß. Der Leser halte den Text des Verfassers und die Beigaben des Herausgebers wohl auseinander. Jener ist durch den Großdruck gekennzeichnet.

Wer das Geheimnis Mariä des heiligen Ludwig Grignion gelesen und liebgewonnen hat, wird auch gern einmal zu seiner größeren Abhandlung über die Wahre Andacht zu Maria greifen. Beide Schriften gleichen einander wie kleine und größere Schwester.

Die bekannteste deutsche Ausgabe der marianischen Schriften L Grs ist „Das goldene Buch der vollkommenen Hingabe an Jesus Christus durch Maria", das im Kanisiuswerk zu Freiburg/Schweiz erschienen ist und bereits 20 Auflagen erlebt hat. Die letzten Auflagen haben eine beachtenswerte Einleitung von HH. Bischof Graber-Regensburg. – Schw. Ancilla Maria von Gebsattel (gest. 1958) hat im Verlag der Grignionschwestern

*Einführung*

Altötting eine neue Übersetzung unter dem Titel „Die vollkommene Opferweihe an U. H. Jesus Christus durch die Hände Mariens" veröffentlicht.

Eine Einführung in das Lebenswerk, die Geisteswelt und das Schrifttum Ludwig Grignions bietet den deutschen Lesern Hildegard Waach in ihrem Buche „Ludwig Maria Grignion von Montfort", erschienen im Franz-Sales-Verlag, Eichstätt und Wien.

# EINLEITUNG

*Mit welcher Seelenverfassung das Geheimnis Mariä hinzunehmen ist.*

1. Auserwählte Seele, vernimm hiermit ein Geheimnis, das mich der Allerhöchste gelehrt hat. Ich habe es in keinem alten noch neuen Buche finden können. Ich vertraue es Dir im Hl. Geiste an, jedoch unter folgenden Voraussetzungen:

*Erstens,* Du darfst es nur solchen Personen verraten, die es ob ihres Gebetseifers, ihres mildtätigen Sinnes, ihres strengen Lebens, ihrer Bewährung, ihres Seeleneifers und ihrer Losschälung verdienen.

„... ein Geheimnis, das mich der Allerhöchste gelehrt hat." Der hl. Ludwig macht kein Hehl daraus, daß er dem Leser keine bloße Bücherweisheit bietet, sondern vor allem den Niederschlag persönlicher gnadenvoller Erleuchtungen. Seine Darlegungen sind an und für sich nicht ganz neu. Er zehrt in manchem Stücke von der Überlieferung, was er übrigens in der Abh (Nr. 118) ausdrücklich zugibt. Sein großes Verdienst besteht darin, die überkommene Lehre neu gesichtet, vertieft, auf breitere Grundlage gestellt und dem persönlichen alltäglichen Leben nahegebracht zu haben. Er darf deshalb mit Recht behaupten: „Ich habe es (das Geheimnis Mariä) in keinem alten noch neuen Buche finden können." Sein bedeutendster Vorgänger war außer den Vertretern des französischen Ora-

*Einleitung*

toriums und dem sel. Simon de Rojas der Augustinermönch Fray Bartolomé de los Rios (1580–1652), der in seinem umfangreichen, 1631 zu Antwerpen erschienenen Buche Hierarchia Mariana die hier gebotene Form der vollkommenen Marienverehrung wissenschaftlich vertritt und sie als gefeierter Redner in Spanien und Belgien mit großem Erfolg verbreitete. Von Belgien aus drang diese in den Jahren 1630–40 nach Deutschland, Polen und England vor und fand in der von Papst Urban VIII. 1631 gutgeheißenen Form der „Bruderschaft der Sklaven des Namens Mariä" bei höchsten kirchlichen Würdenträgern und führenden weltlichen Persönlichkeiten viel Anklang (vgl. P. Salvador Gutiérrez, La Esclavitud Mariana, Escorial 1935).

„Du darfst es nur solchen Personen verraten . . ."

So schrieb der Verfasser vor 250 Jahren in Anbetracht seiner religiös bewegten Zeitverhältnisse. Heute dürfte das Gegenteil, d. h. weiteste Verbreitung dieser Andacht, angebracht sein. Der bekannte P. Faber schreibt im Vorwort der von ihm besorgten englischen Ausgabe: „Ich kann mir ein vorzüglicheres Werk oder eine segensreichere Tätigkeit als die bloße Verbreitung dieser Andacht Ludwig Grignions von Montfort kaum vorstellen."

Zweitens, Du mußt Dich dieses Geheimnisses bedienen, um heilig und jenseitig zu werden. Es bewährt sich nämlich nur in dem Maße, als man Gebrauch davon macht. Hüte Dich wohl, die Hände müßig in den Schoß zu legen; denn in diesem Falle würde mein Geheimnis Gift für Dich werden und Deine ewige Verdammnis nach sich ziehen.

Nach dem heiligen Verfasser reicht also das bloße Wissen um das Geheimnis Mariä nicht hin, um dessen Vorteile zu genießen. Sein hoher Wert erschließt sich stufenweise nur dem, der seine Lehre in das Werk umsetzt. Es muß sich nicht nur auf der blumigen Wiese geruhsamen Betens, sondern auch auf dem Kampfplatz des Berufs- und Alltagslebens bewähren. — Die Drohung mit der ewigen Verdammnis soll den Leser nicht erschrekken. Ludwig Grignion wendet sich damit gegen die in seiner Zeit noch nachklingenden Irrlehren des religiösen Quietismus, der in einem rein passiven Verhalten ein Mittel zur Vereinigung mit Gott sah.

*Drittens,* Du mußt Tag für Tag Gott dafür danken, daß er Dich in dieses Geheimnis eingeweiht hat. Du hast es nicht verdient.

In dem Maße, als Du Dich dieses Geheimnisses *im Alltag* bedienst, wird Dir dessen hoher Wert und dessen Vorzüglichkeit klar werden. In den Anfängen wird dieses Verständnis ob der großen Zahl und des Schwergewichtes Deiner Sünden und ob der geheimen Verhaftung an Dich nur unvollkommen sein.

> *Lies nicht weiter, ohne um Erleuchtung zu beten.*

2. Bevor Du weiterliest, getragen von unbeherrschter, naturhafter Wißbegier, knie Dich hin und bete gesammelt das *Meerstern, ich Dich grüße* und das *Komm, Hl. Geist,* um von Gott die Gnade zu erflehen, dieses Geheimnis recht zu erfassen und innerlich zu verkosten.

Ich fasse mich kurz: denn ich habe nicht viel Zeit zum Schreiben und Du nicht viel zum Lesen.

*Einleitung*

## Grundlegende Wahrheiten

*Selbstheiligung ist des Menschen erste Lebensaufgabe.*

3. O Seele, Du bist Gottes lebendiges Abbild und bist mit dem kostbaren Blute Jesu Christi erlöst worden. Es ist Gottes Wille, daß Du hienieden die Heiligkeit und im Jenseits das glorreiche Leben mit ihm teilst.

Es ist zweifellos Deine erste Lebensaufgabe, Dir Gottes Heiligkeit anzueignen. Alle Deine Gedanken, Worte und Werke, Deine Leiden und sämtliche Lebensregungen müssen diesem einen Ziele zustreben. Ist dies nicht der Fall, so lehnst Du Dich gegen Gott auf und vereitelst den Zweck, wozu er Dich erschaffen hat und am Leben erhält.

Ähnlich wie der hl. Ignatius von Loyola in seinem bekannten Exerzitienbüchlein behandelt der hl. Ludwig Grignion an der Spitze seiner kleinen Schrift die grundlegende Frage: Wozu ist der Mensch auf Erden? Von der Antwort hängt die ganze Ausrichtung und Gestaltung des Lebens ab. Ist der Mensch irdischer Güter, etwa des Genusses, der Liebe, der Macht oder des Reichtums halber auf Erden? Oder hat er eine höhere, jenseitige, über das Zeitliche hinausragende Bestimmung? Anspielend auf das Wort des hl. Paulus „Gottes Wille ist euere Heiligung" (1. Thess 4) lehrt uns Ludwig Grignion, daß es des Menschen Bestimmung ist, hienieden an Gottes Heiligkeit und im Jenseits an seinem verklärten Leben teilzunehmen. Teilnahme an der Heiligkeit Gottes ist der Besitz der heiligmachenden Gnade und die Übung der übernatürlichen Tugenden. Beide verbürgen dem Menschen die jenseitige, erst nach der irdischen Bewährungszeit eintretende Teilnahme am verklärten, aufgeschlossenen Leben Gottes, das uns hienieden schon keimhaft in der heiligmachenden Gnade gegeben ist.

Welch ein Wunderwerk! Der Erdenstaub wird in Licht, das Befleckte in Reinheit, das Sündhafte in Heiligkeit, das Geschöpf in den Schöpfer, der Mensch in Gott umgewandelt. Ja, ein Wunderwerk, wiederhole ich. Es ist kein kleines; es übersteigt weit das Können der bloßen Natur. Gott allein ist imstande, es mit der Gnade und zwar einer reichlich fließenden, außerordentlichen Gnadenhilfe erfolgreich zu Ende zu führen. Die Erschaffung des gesamten Weltalls kommt an die Erhabenheit dieses Werkes nicht heran.

*Wege und Mittel, um heilig zu werden.*

4. Meine Seele, was wirst Du anfangen? Welche Mittel gedenkst Du zu ergreifen, um jene Höhen zu erklimmen, wohin Gott Dich ruft? Die Mittel des Heiles und der Heiligung sind allgemein bekannt. Sie werden in der Hl. Schrift aufgezählt, die Meister des geistlichen Lebens befassen sich damit, die Heiligen haben sie genutzt. Diese Mittel können von niemand umgangen werden, der seine Seele retten und die Vollkommenheit erringen will. Dazu gehören vor allem Demut des Herzens, beharrliches Gebet, allseitige Abtötung, Hingabe an die göttliche Vorsehung, Gleichförmigkeit mit dem göttlichen Willen.

*Einleitung*

> Notwendigkeit des Gnadenbeistandes.

5. Um diese vielfachen Mittel des Heiles und der Heiligung recht zu gebrauchen, ist der Gnadenbeistand Gottes unerläßlich. Es kann kein Zweifel darüber bestehen, daß die Gnade jedem Menschen in größerem oder kleinerem Maße zuteil wird. Ich sage mit Bedacht: in größerem oder kleinerem Maße; denn obgleich Gott die wesenhafte Güte ist, teilt er doch nicht allen Menschen das gleiche Maß von Gnaden mit. Auf alle Fälle erhält ein jeder die hinreichende. Getragen von einer reichlich fließenden Gnade vollzieht die treu mitwirkende Seele eine hochwertige Handlung; mit Hilfe einer geringeren Gnade eine weniger wertvolle. Wert und Vorzüglichkeit der Handlungen werden also einerseits von dem Werte und der Vorzüglichkeit der von Gott gewährten Gnade und andererseits von der Mitwirkung des Menschen bestimmt. Diese Grundsätze können nicht angezweifelt werden.

> Marienverehrung, das große Gnadenmittel.

6. Es kommt demnach alles darauf an, ein Mittel zu finden, wodurch man von Gott leicht die zur Heiligung notwendige Gnade erlangt. Und dieses Mittel will ich Dir offenbaren. Ich behaupte also: *Um die Gnade Gottes zu finden, muß man Maria finden.*

## Einleitung

Die Kirche wendet in den liturgischen Gebeten auf Maria jene in erster Linie für die unerschaffene Weisheit geltenden Worte an: „Wer mich findet, findet das ewige Leben und wird das Heil des Herrn schöpfen" (Spr 8,35).

Die nächsten Ausführungen Ludwig Grignions liefern den theologischen Beweis, warum die Mitteilung der Gnaden an die Menschen so eng mit Maria verknüpft ist. Zur Förderung klarer Begriffe seien die Grundfragen ihrer allgemeinen Mittlerschaft in vier Hauptpunkte zusammengefaßt:

1. *Warum* sprechen wir Maria als Mittlerin aller Gnaden an? *Erstens*, weil sie der Welt den Erlöser gebracht hat; *zweitens*, weil sie uns durch und mit Christus alle Gnaden mitverdient hat; *drittens*, weil sie jetzt im Himmel den Menschen alle Gnaden miterfleht.

2. *Wem* vermittelt Maria Gnaden? *Allen* Menschen. Ihre Vermittlung reicht so weit wie das Erlösungswerk, erfaßt also *alle* Menschen.

3. *Welche* Gnaden vermittelt Maria?

*Alle* Gnaden, aber nicht alle auf die gleiche Weise. Die Erlangung und Vermehrung der Zustandsgnade, d. i. der heiligmachenden Gnade, hat Gott nach der Heilsordnung vorzugsweise an die heiligen Sakramente geknüpft. Maria hat auf diese keinen *unmittelbaren*, wohl aber einen *mittelbaren* Einfluß. Sie hat zu Lebzeiten durch ihre einzigartige Mitwirkung am Erlösungswerke Jesu Christi die Einsetzung der heiligen Sakramente mitverdient, sie ermöglicht uns jetzt deren Empfang, fördert die entsprechende Seelenverfassung bei der Vorbereitung, läßt uns die damit verbundenen Sondergnaden ausnützen.

Das eigentlichste Feld der Gnadenvermittlung Mariens ist das schier unübersehbare Gebiet der *Beistandsgnaden*. Hier zeigt sich so recht ihre große Macht und ihr weitgehender Einfluß auf das Seelenleben. Alle Erleuchtungen des Verstandes, alle Anregungen des Willens, alle

*Einleitung*

Gnaden, die zum Beginn, zur Weiterführung und glücklichen Vollendung einer übernatürlichen Handlung erforderlich sind, die besonderen Berufsgnaden, außergewöhnliche Gebetsgnaden, die endliche Beharrlichkeit, mit einem Worte, alles, was Erleuchtung, Stärkung und Begnadung heißt, fällt in den weiten Machtbereich Mariens.

4. Wie vermittelt Maria alle Gnaden?

Durch ihre mütterliche Fürbitte. Gott erschafft die Gnade; Christus als Gottmensch hat sie ex condigno *verdient* und ist deren Hauptvermittler; Maria hat sie ex congruo *mitverdient* und wurde von ihm aus freien Stücken als Gehilfin seinem Erlösungswerke beigesellt. „Die Fürbitte Mariens ist von außerordentlicher Bedeutung; dennoch ist sie, wie überhaupt alle Gebete der Geschöpfe, ein Teil der ordentlichen Vorsehung Gottes... So ist das (fürbittende) Gebet Mariens eine von Gott gewollte Bedingung für die Spendung seiner Gnade. Es entspricht ihrer Rolle bei der Grundlegung des Heiles sowie der allgemeinen Überzeugung der Kirche, das Gebet Mariens als die so *von Gott gewollte Bedingung jeglicher Gnade anzusehen*" (Heinrich Köster, Die Frau, die Christi Mutter war; 2. Teil, Seite 37—38). — Zahlreiche Verlautbarungen der letzten Päpste bestätigen diese Lehre. So schreibt z. B. Pius X. in dem Weltrundschreiben vom 2. 2. 1904 Ad diem illum:

„Wir stellen zwar nicht in Abrede, daß die Austeilung der Gnaden das ausschließliche und eigentümliche Recht Christi ist; denn sie sind uns durch seinen Tod erworben worden, und er ist aus eigener Macht Mittler zwischen Gott und den Menschen. Aber wegen der Gemeinschaft der Schmerzen und Leiden zwischen Mutter und Sohn wurde der erhabenen Jungfrau das Vorrecht verliehen, die mächtigste Mittlerin und Versöhnerin des ganzen Erdkreises zu sein. Die Quelle ist also Christus... Maria aber, wie der hl. Bernhard sagt, die Wasserleitung... Wir sind also offenbar weit davon entfernt, der Gottes-

*Einleitung*

mutter die Kraft der Hervorbringung der übernatürlichen Gnaden beizulegen; denn diese besitzt Gott allein. Weil aber Maria alle an Heiligkeit und Vereinigung mit Christus überragt und von Christus zur Teilnahme am Erlösungswerk beigezogen worden ist, so verdient sie aus Billigkeit, was Christus nach Gebühr verdient hat, und ist die Hauptverwalterin aller Gnadengaben."

## I. TEIL

## MARIAS BESONDERE STELLUNG IM HEILSPLANE

### DIE GROSSE GNADENVERMITTLERIN

*Maria allein hat Gnade gefunden bei Gott.*

7. Maria allein hat Gnade gefunden bei Gott. Für sich selber und für jeden einzelnen Menschen. Die Erzväter, die Seher und alle Heiligen des Alten Bundes vermochten es nicht, diese Gnade zu finden.

*Maria ist die Mutter der Gnade.*

8. Maria ist es, die dem Urheber aller Gnade das Sein und das Leben geschenkt hat. Deswegen heißt sie Mutter der Gnade, mater gratiae (siehe LG Nr. 61).

*Gott der Vater hat Maria alle Gnaden anvertraut.*

9. Gott der Vater, von dem als dem Urborn jede vollkommene Gabe und jegliche Gnade ausgeht (Jak 1,17), hat ihr alle Gnaden in den Schoß gelegt, indem er ihr seinen Sohn anvertraut hat.

In diesem und mit diesem, so lehrt der hl. Bernhard, ist ihr demnach der Wille Gottes ausgeliefert worden.

*Maria ist die Schatzmeisterin Gottes geworden.*

10. Gott hat sie zur Schatzmeisterin, Verwalterin und Ausspenderin aller seiner Gnaden bestellt. Sämtliche Gnadengaben müssen deshalb durch ihre Hände gehen. Kraft der erhaltenen Vollmacht verteilt sie denn auch, wie der hl. Bernardin lehrt, die Gnaden des Ewigen Vaters, die Tugenden Jesu Christi und die Gaben des Hl. Geistes, und zwar *wem* sie will, *wie* sie will, *wann* sie will und *wieviel* sie will.

„Wem... wie... wann... wieviel sie will." Diese vielangeführten Worte des hl. Bernardin (Sermo in Nativ. B. V., art. un., cap. 8) könnten den Gedanken aufkommen lassen, als ob die Gnadenvermittlerin Mariens eine Reihe von Willkürlichkeiten sei. Das ist sie nicht. Die Gnadenvermittlung erfolgt im völligen Einklang mit den Plänen der göttlichen Vorsehung. Dies erhellt aus zwei Gründen: *Erstens*, Maria kennt genau die besondere Lebensaufgabe und die persönlichen Lebensverhältnisse jedes einzelnen Menschen, weiß also genau, welche Gnaden jeder Mensch nach seinen Verhältnissen braucht. *Zweitens*, der Hl. Geist treibt innerlich Maria an, für die Seelen nach den Plänen der göttlichen Vorsehung zu beten; er ist es, der auf unaussprechliche Weise ihr Herz bei ihrer vermittelnden, fürbittenden Tätigkeit bewegt. Maria ist immer Werkzeug des Hl. Geistes. Ihre Vermittlung und Fürsprache erfolgt also ganz im Einklang mit der allgemeinen Heilsordnung und im Sinne der besonderen Berufung des einzelnen Menschen.

*Marias besondere Stellung im Heilsplane*

> *Gott ist unser Vater, Maria soll unsere Mutter sein.*

11. Wie nach den Gesetzen der Natur jedes Kind einen Vater und eine Mutter haben muß, so soll jedes echte Kind der Kirche nach den Gesetzen der Gnade Gott zum Vater und Maria zur Mutter haben. Und wenn jemand sich rühmt, Gott zum Vater zu haben, ohne dabei Maria wie ein wahres Kind zärtlich zu lieben, so ist er ein Betrüger und hat höchstens den Bösen zum Vater.

Das Gleiche, was L Gr über das Verhältnis zu Maria aussagt, stellt der hl. Augustinus fest über das Verhältnis zur Kirche: „Ich weiß, daß niemand Gott zum Vater haben kann, der diese Kirche nicht zur Mutter hat" (Sermo III. de Symbolo). Maria und Kirche stellen eine unzertrennliche Einheit dar.

> *Maria ist in einem die Mutter des Hauptes und der Glieder des mystischen Christus.*

12. Da Maria das Haupt der Vorherbestimmten, nämlich Jesus Christus, gebildet hat, so steht es ihr zu, auch die zum Haupte gehörigen Gliedmaßen, d. h. die wahren Christen zu bilden, denn eine Mutter bildet das Haupt nicht ohne die Glieder, noch umgekehrt, die Glieder ohne das Haupt. Wer also Glied Jesu Christi, der da ist voll der Gnade und Wahrheit (Joh 1,14), werden will, muß in Maria gebildet werden. Dieses vollzieht sich mittels der Gnade Jesu Christi, die in der Fülle in Maria wohnt, damit sie von da aus in

*I. Teil*

reichlichem Maße auf die wahren Glieder Jesu Christi und ihre echten Kinder überströmt.

Dieser Abschnitt ist von grundlegender Bedeutung für die gesamte Lehre Ludwig Grignions. Er sieht in Maria nicht bloß die leibliche Mutter des Gottmenschen Christus (-Christus allein), sondern auch die Mutter des mystischen Christus (– Christus u n d seine Glieder, die die Gläubigen sind). Die leibliche Mutterschaft zusammen mit der mystischen bilden die adäquate Mutterschaft Mariens, die nach Zimmermann (Aszetik, 2. Aufl. S. 667) in den lehramtlichen Äußerungen „einen immer unausweichlicheren Ausdruck" findet. So heißt es in dem Rundschreiben Ad diem illum von Pius X.:

„Im Schoße der Mutter nahm Jesus Christus nicht nur einen sterblichen Leib an, sondern auch einen geistigen Leib, der aus all denen besteht, die später an ihn glaubten. So kann man sagen, daß Maria, indem sie in ihrem Schoße den Erlöser trug, auch alle diejenigen trug, deren Leben in dem des Erlösers eingeschlossen war. So sind wir alle, die wir eingegliedert sind in Jesus Christus, aus dem Schoße Mariens geboren. Als der mit dem Haupte verbundene Leib auf eine geistige und mystische, aber wirkliche Art heißen wir Marias Kinder. Sie ist die Mutter von uns allen". Der gleichen Lehre begegnen wir im Rundschreiben Pius XII. über den mystischen Leib Christi vom 28. Juni 1943 (Ende der Enzyklika). Von den Kirchenlehrern und Kirchenvätern seien Irenäus (MG. 7, 1080), Epiphanius (MG. 42, 727–28), Chrysologus (ML. 52, 576–77), Augustinus (ML. 40, 399), Leo M. (ML. 54, 213), Pseudo-Albertus M. (Mariale, Qu. 179) erwähnt.

*Maria, die fruchtbare Braut des Hl. Geistes.*

13. Der Hl. Geist hat sich mit Maria bräutlich verbunden und in ihr und durch sie und aus ihr das einzigartige Wunderwerk, nämlich Jesus

Christus, das menschgewordene Wort, hervorgebracht. Er hat sie nie verstoßen und fährt deshalb fort, täglich in ihr und durch sie auf geheimnisvolle, aber wirkliche Weise die Vorherbestimmten hervorzubringen.

Die einzigartige Verbindung zwischen Maria und dem Hl. Geiste kommt in den liturgischen Gebeten, die ein treuer Niederschlag des kirchlichen Denkens und Fühlens sind, vielfach zum Ausdruck. Maria wird da Braut, Geliebte, Wohnung, Werkzeug des Hl. Geistes genannt. Dieser kehrt dort gerne ein, wo er Maria findet. Mit Recht äußert Ludwig Grignion in der Abh Nr. 43: „Ich glaube nicht, daß eine Seele zur vollkommenen Treue gegen den Hl. Geist kommen kann ohne sehr enge Vereinigung mit Maria."

Mariens mütterlich-bräutlicher Beitrag zum Erlösungswerke Christi, angefangen vom Jawort bei der Menschwerdung, wurde gesteuert vom Hl. Geist und wird von der Seligsten Jungfrau in der gleichen Verbundenheit mit dem Hl. Geist im Himmel durch die Fürsprache für die Erlösten fortgesetzt (siehe Adrienne von Speyr, Magd des Herrn, Johannes-Verlag Einsiedeln).

*Nahrung und Wachstum empfangen die Kinder Gottes von Maria.*

**14.** Maria hat von Gott eine besondere Macht über die Seelen erhalten, um sie zu nähren und ihr geistiges Wachstum zu fördern. Der hl. Augustinus spricht sogar den Gedanken aus, daß alle Vorherbestimmten zu Lebzeiten im Schoße Mariens eingeschlossen sind und eigentlich erst dann zur Welt kommen, wenn diese gütige Mutter sie zum ewigen Leben gebiert. Wie das kleine Kind die Nahrung, und zwar eine seiner Schwäche angepaßte Nahrung, einzig von seiner Mutter empfängt, so erhalten auch die Vorherbestimmten die geistige Speisung und Stärkung ganz von Maria.

Den gleichen Gedanken entwickelt Jürgensmeier in seiner Aszetik „Der mystische Leib Christi" (7. Aufl. S. 330): „Es kann somit nicht leichtsinnig, sondern theologisch nur höchst begründet erscheinen, in Maria die Mediatrix omnium gratiarum zu sehen. Ihre universale Mutterschaft in bezug auf den mystischen Christus, die sie zur mystischen Mutter ihrer Kinder als Glieder Christi macht, läßt sie nicht nur in partieller Mutterschaft geistige Mutter sein bei der Empfängnis und Geburt ihrer mystischen Kinder, sondern in universaler Mutterschaft auch für das weitere mystische Leben und Wachstum derselben. Der Mutter gebührt es, daß sie das Leben ihrer Kinder nährt und hegt. Analog gebührt es der Gottesmutter, daß sie ihre Gaben und Güter ihren Kindern für das übernatürliche Leben darbietet, damit diese immer mehr heranwachsen vom Kinde zum Mannesalter, vom Mannesalter bis zum Vollalter Christi."

In LG Nr. 63 heißt es: „Maria gebar aber einen Sohn, den Gott gesetzt hat zum Erstgeborenen unter vielen Brüdern (Röm 8,29), den Gläubigen nämlich, bei *deren Geburt und geistlichem Wachstum sie in mütterlicher Liebe mitwirkt.*"

*Nach dem Ratschlusse der Hl. Dreifaltigkeit soll Maria in den Seelen ihre Wohnung aufschlagen und dort wirken.*

15. *Gott der Vater* hat zu Maria gesprochen: In Jacob inhabita, meine teure Tochter, schlage deine Wohnung in Jakob auf, d. h. in den Vorherbestimmten, die durch Jakob versinnbildet sind.

*Gott der Sohn* hat zu Maria gesprochen: In Israel haereditare, meine liebste Mutter, Israel, d. h. die Vorherbestimmten, sollen dein Erbe sein.

*Gott der Heilige Geist* hat endlich zu Maria gesprochen: In electis meis mitte radices, meine treue Braut, schlage Wurzeln in meinen Auserwählten.

Wer demnach erwählt und vorherbestimmt ist, hat Maria bei sich, d. h. er trägt sie in seiner Seele. Er wird sie dort die Wurzel aller Tugenden, zumal tiefer Demut und glühender Gottesliebe, schlagen lassen.

Die in dieser Nummer angeführten Stellen aus der Hl. Schrift (Eccl. 24) werden in der Liturgie immer wieder auf Maria angewandt.

„Er trägt sie (Maria) in seiner Seele". Diese Stelle kann leicht mißverstanden werden. Wie ist Maria in der ihr hingegebenen Seele? Nicht so, wie der Stein im Wasser; nicht so, wie Gott überall ist vermöge seiner Allgegenwart; nicht so, wie die allerheiligste Dreifaltigkeit durch die Innewohnung in der gnadengeschmückten Seele weilt; auch nicht so, wie Christus in der Seele kraft der heiligmachenden Gnade ist. Maria ist etwa so in der Seele, wie die Sonne in einer Wohnung ist. Genau genommen, ist die Sonne gar nicht in der Wohnung, sondern ihre Strahlen, ihre Auswirkungen sind dort. So ist Maria auch nicht im nächstliegenden, buchstäblichen Sinne in der Menschenseele, sondern nur in einem weiteren Sinne, d. h. kraft ihres Einflusses und ihrer Einwirkung.

Marias Verhältnis zur Einzelseele ist jedoch ein sehr enges, inniges und ein ganz persönliches. Sie ist dieser in dreifacher Hinsicht nahe und in einem gewissen Sinne auch gegenwärtig:

45

## I. Teil

1. Maria *sieht* kraft der Anschauung Gottes in jede einzelne Menschenseele hinein. Deren Zustand vor Gott, Freuden, Leiden, Besorgnisse, Sünden, Tugenden und Bestrebungen liegen klar vor ihrem vom Glorienschein erleuchteten Auge. Mariens Blick ist dabei nicht der des kalten, neugierigen Beschauers, sondern der der teilnehmenden, hilfsbereiten Mutter.

2. Maria *wirkt* auf die Menschenseele, in der Menschenseele, durch die Menschenseele. *Auf* die Menschenseele, indem sie diese durch ihr Gebet und ihr Vorbild beeinflußt. *In* der Menschenseele, da deren Gebete und guten Werke durch die von Maria vermittelten Beistandsgnaden erhoben, innerlich getragen und befruchtet werden. *Durch* die Menschenseele, indem Maria diese als Werkzeug benützt. Wo man wirkt, ist man auch irgendwie zugegen.

3. Maria *setzt sich ein* für die Ihrigen „durch ihre Fürsprache, die sie niemals aufgibt und zu der sie die glühendste Liebe zu uns antreibt. Wenn auch die selige Jungfrau in der Anschauung der erhabenen Dreifaltigkeit versunken ist, vergißt sie doch ihre Kinder nicht, die sich, wie sie selber einmal, auf der Pilgerschaft des Glaubens befinden (LG Nr. 58). Ja, indem Maria sie in Gott mitschaut und ihre Nöte mitempfindet, tritt sie in Gemeinschaft mit Jesus Christus, der ohne Unterlaß Fürsprache für uns einlegt (Hebr 7,25); sie ist für sie Fürsprecherin, Helferin, Beistand und Mittlerin (LG Nr. 62)" (Mahnschreiben Pauls VI. Signum Magnum vom 13. Mai 1965).

*Maria ist die wunderbare Form Gottes und des Menschen.*

16. Der hl. Augustinus nennt Maria die lebendige Form Gottes, forma Dei, und das ist sie in der Tat. Es soll damit ausgedrückt werden, daß in ihr allein Gott als Mensch so naturgetreu gebildet

worden ist, daß ihm kein Zug der Gottheit fehlt. So kann auch nur in ihr kraft der Gnade Jesu Christi der Mensch naturgetreu in Gott umgewandelt werden, soweit die menschliche Natur dazu fähig ist.

<small>Der Ausdruck forma Dei wurde früher dem hl. Augustinus zugeschrieben, scheint jedoch nicht von ihm, sondern von Fulbert de Chartres zu stammen (dazu Migne, t. XXXIX p. 2129, sermo 208 in festo Assumptionis B. M.). Der Ausdruck forma Dei läßt auch eine andere als die vom heiligen Ludwig Grignion angenommene Deutung zu.</small>

Ein Künstler kann eine Figur oder ein Standbild auf zweierlei Weise naturgetreu herstellen: *Erstens,* er kann sich auf sein Geschick, seine Kraft, sein Können und die Vorzüglichkeit seiner Werkzeuge verlassen und das Kunstwerk aus einer harten und ungestalten Masse herausarbeiten. *Zweitens,* er kann sich einer Hohlform bedienen und einen Kunstguß herstellen. Das erste Verfahren ist langwierig und beschwerlich und manchen Fährnissen ausgesetzt. Ein ungeschickter Schlag mit dem Meißel oder dem Hammer reicht oft hin, um das ganze Kunstwerk zu zerstören. Das zweite Verfahren erspart Zeit, ist leicht und angenehm, mit wenig Arbeit und geringen Unkosten verbunden. Unerläßliche Voraussetzung ist nur, daß einerseits die Hohlform vollkommen ist und das Urbild treu widergibt, andererseits die verwendete Masse bildsam ist und sich von der Hand des Künstlers leicht gestalten läßt.

Dringen wir vom Bilde zur Sache vor. Was bedeuten Hohlform, Stoff und Kunstwerk in unserem Falle? Die *Hohlform* sind die Gedanken und der Wille Mariens, das von beiden getragene Gebet zu unseren Gunsten, die dadurch erwirkten Gnaden und Mariens Vorbild; mit einem Worte, alles, was von Maria aus uns beeinflussen kann. Der zu gestaltende *Stoff* ist des Menschen Sein, Denken, Wollen und Tun. Das angestrebte *Kunstwerk* ist der Mensch. Wie ein Kunstguß nur mangelhaft ausfällt, wenn sich der verwendete Stoff ob seiner Sprödigkeit der Hohlform nicht anpaßt, so wird auch der Mensch ungestaltet bleiben, wenn er zu hart ist, d. h. auf dem eigenen Sinn und dem eigenen Wollen beharrt und auf die durch Maria vermittelten Gnaden mangelhaft oder überhaupt nicht eingeht. Es gilt also *erstens,* sich selber zu entsagen, und *zweitens,* Maria durch die Gnadenvermittlung und ihr Beispiel auf das eigene Denken, Wollen und Tun Einfluß gewinnen zu lassen. Das Kunstwerk des neuen Menschen wird allerdings nicht mit einem Schlage zustandekommen, handelt es sich ja nicht um einen toten Abguß, sondern um stufenweise, nur allmählich sich entfaltendes Leben, nämlich das Leben der Gnade und der Tugend. Die Neugestaltung wird umso schneller vor sich gehen, je vollständiger der Selbstverzicht ist und je mehr sich der Mensch der Einwirkung Mariens erschließt.

**17. Maria ist die große Form Gottes, die der Hl. Geist geschaffen hat, um naturgetreu einen Gott-Menschen durch die hypostatische Vereinigung und einen Menschen-Gott durch die Gnade zu gestalten. Kein Zug der Gottheit wird in dieser Form vermißt. Wer in dieselbe gegossen wird und sich bilden läßt, nimmt dort alle Züge Jesu Christi, der wahrer Gott ist, an und zwar auf eine sanfte, der menschlichen Natur angemessene Weise, ohne schweres Todesringen und allzugro-**

ße Mühe. Die Umgestaltung vollzieht sich mit völliger, jede Täuschung ausschließender Sicherheit, denn der böse Feind hatte nie Zutritt, noch wird er je Zutritt haben zu Maria, der Heiligen, Unbefleckten, die Schatten und Makel der Sünde nicht gekannt hat.

*Unterschied zwischen den Seelen, die von irdischen Meistern, und jenen, die von Maria gebildet worden sind.*

18. Himmelweit ist der Unterschied zwischen einer Seele, die auf die übliche Weise in Christus von jenen umgestaltet worden ist, die sich wie die Bildhauer auf ihr eigenes Können und ihr Geschick verlassen, und einer anderen Seele, die in hohem Grade bildsam, von allem losgelöst, erweicht, jeder Eigenstütze bar, sich ganz in Maria ergießt und dort dem Heiligen Geiste zu Willen ist. Wieviel Fehlerhaftes, Unzulängliches, Schattenhaftes, Trügerisches, Naturhaftes, Allzumenschliches entdecken wir in der ersten! Ganz anders sieht die zweite aus: sie ist rein, göttlich, christusähnlich!

Dieser Abschnitt darf nicht als Ablehnung oder Geringschätzung der Seelenführung aufgefaßt werden. In der Sicht Grignions gehört es zum Aufgabenkreis des Seelenführers, daß er bei der Leitung die Absage an das Ich und den Anschluß an Maria fördert, die Echtheit und Fruchtbarkeit des Verhältnisses zwischen Maria und der Seele prüft, dieser den Weg zu Christus über Maria zeigt. Wenn wir beim Vergleiche der Hohlform bleiben wollen, so wäre der Seelenführer der berufene Meister, der die Masse in die Hohlform gießen muß und das Gelingen des Kunstwerkes zu überwachen hat. Der hl. Franz von Sales, einer der gefeiertsten Seelenführer aller Zeiten, hat die hl. Franziska von Chantal der Mutter Gottes als „ihrer Äbtissin" unterstellt (Brief vom 29. Mai 1605 aus Annecy und andere). Ludwig Grignion erwartet jedenfalls sehr wenig von einer Seelengestaltung, bei der Maria nicht die gebührende Rolle zugewiesen wird (Abh Nr. 218—20). Muß jemand ohne sein Verschulden der Seelenführung entbehren, obgleich er ihrer sehr bedarf, so wird der enge Anschluß an Maria die fehlende Leitung ersetzen.

*Maria ist die besondere Welt, der Lustgarten Gottes.*

19. Nie hat es ein Geschöpf gegeben noch wird es je eines geben — die Seligen, die Cherubim und die höchsten Seraphim im Himmel nicht ausgenommen — in dem Gottes Größe nach innen oder außen mehr aufleuchtete als in Maria. Maria ist der Lustgarten Gottes, seine unaussprechliche Welt, wo der Sohn Gottes sich niedergelassen hat, um Wunderbares zu wirken, um sie zu behüten und seine Wonne dort zu finden.

Gott hat eine Welt für den Menschen für die Zeit seiner irdischen Wanderschaft geschaffen, und das ist unsere sichtbare Welt. Gott hat für den seligen Menschen eine Welt geschaffen, und das ist der Himmel. Und eine weitere Welt hat Gott für sich selber geschaffen und hat sie Maria genannt. Diese Welt ist den weitaus meisten Sterblichen unbekannt und ist sogar für alle Engel und Heiligen des Himmels voller Geheimnisse. Voll Entzücken darüber Gott so erhaben, so weit hinausgehoben über sie, so abgesondert und verborgen in seiner Welt, in Maria, zu schauen, brechen sie in einem fort in den Jubelruf aus: Heilig, heilig, heilig!

Der Schluß dieser Nummer ist die freie Widergabe einer Stelle aus dem Psalt. majus B. V. (Hymnus instar Hymni Ambrosiani). Nach dem Verfasser, dem hl. Bonaventura, preisen die Engel Maria ständig mit den Worten: Heilig, heilig, heilig bist Du, Maria, Gottesgebärerin und Jungfrau!

> *Es ist eine große Gnade, vom Hl. Geiste in das Geheimnis Mariä eingeführt zu werden.*

20. Selig, ja tausendmal selig der Mensch, dem der Hl. Geist das Geheimnis Mariä enthüllt; dem er das Tor zu diesem verschlossenen Garten öffnet; den er aus dieser versiegelten Quelle die lebendigen Wasser der Gnade in vollen Zügen trinken läßt! Dieser glückliche Mensch wird Gott allein ohne geschöpfliche Beimischung in diesem holdseligen Geschöpfe finden, und zwar den in unendlicher Heiligkeit erstrahlenden, weltüberlegenen und doch wieder unsagbar herablassenden, der menschlichen Ohnmacht nahbaren Gott.

Da Gott allerorts ist, kann man ihn überall finden, sogar in der Hölle; aber nirgends ist er dem Geschöpfe so nahe gerückt und nirgends ist er dessen Armseligkeit so zugänglich wie in Maria, denn darob ist er von den Himmeln gestiegen. Er ist sonst überall das Brot der Starken und der Engel, aber in Maria ist er das Brot der Kleinen.

Es kann nicht eindringlich genug empfohlen werden, recht oft den Hl. Geist um Einführung in das Geheimnis Mariä zu bitten. Er ist es, der die Seelen in diese Wunderwelt schauen läßt und von da aus zu Christus, zur Kirche und zu sich selber emporhebt.

*Ferne davon, den engen Anschluß an Gott hintanzuhalten, fördert ihn Maria.*

21. Man verfalle nicht den falschen Anschauungen gewisser Illuminaten, die wähnten, Maria halte die Vereinigung mit dem Schöpfer hintan, da sie ja ein Geschöpf sei. Maria lebt ja kein selbstherrliches Leben, sondern Christus, Gott allein lebt in ihr. Ihre Umgestaltung in Gott übertrifft die des hl. Paulus und die der übrigen Heiligen so weit, wie die Himmel über die Erde hinausragen. Maria ist einzig und allein für Gott da; fern davon also eine Seele an sich zu fesseln, führt sie sie Gott zu und verbindet sie in dem Grade mit ihm, als sie zuvor mit ihr selber eins war. Maria ist das wunderbare Echo Gottes, das „Gott" zurückgibt, wenn man „Maria" gerufen hat. Sie verherrlicht Gott, wenn man sie mit St. Elisabeth selig preist.

Der heilige Verfasser meint an dieser Stelle die Irrlehren des Miguel de Molinos, der behauptete, die Erinnerung an jegliches Geschöpf, auch an die Mutter Gottes, müsse aus der Gedankenwelt des Menschen verschwinden, wenn er es zu einer engen Vereinigung mit Gott bringen wolle (siehe Enchiridion, Denzinger-Umberg, 1256 u. ff.). Wo dagegen echte Erfahrungsmystik zu Worte kommt, wird die Verbindung mit Maria nicht als Hindernis, sondern als Förderung der Vereinigung mit Gott bezeichnet. Hören wir nur Lucie Christine, die am 1. Mai 1883 in ihr Tagebuch (Poulain-Guardini, Grünewald, Mainz) schrieb: „Gebet am Abend: Meine Seele wurde *durch Maria* im Gefühl vollkommener Einheit mit Jesus *verbunden.* Die gebenedeite Mutter ist das Band, die fühlbare oder nicht fühlbare Vermittlung zwischen Gott und uns. Das hat mich Jesus schauen und empfinden lassen, und zwar besser als ich gerade auszudrücken vermag." Eine ähnliche Eintragung finden wir im Juni 1880. — Maria steht nicht als Dritte zwischen Christus und dem Menschen, sondern räumt aus dem Wege, was die Verbindung zwischen beiden hintanhält. In LG Nr. 60 heißt es: „Die unmittelbare Vereinigung der Glaubenden mit Christus wird dadurch (Mariens Vermittlung) aber in keiner Weise gehindert, *sondern vielmehr gefördert.*"

Wenn die falschen Illuminaten, die sogar in Dingen des Gebetes so elendlich vom bösen Feinde getäuscht worden sind, Maria zu finden gewußt hätten und über Maria Christus und über Christus den Vater, so wären sie nicht so tief gesunken. Nicht umsonst behaupten heiligmäßige Seelen: Wer einmal Maria gefunden hat und über Maria Christus und über Christus den Vater, der hat *alles gefunden:* Inventa Maria, invenitur omne bonum. Ja, alles ohne Ausnahme hat er gefunden; überreiche Gnade und Freundschaft bei Gott; volle Sicherheit gegen die Widersacher Gottes; Deckung gegen die Lügenhaftigkeit; leichten Sieg über die Hindernisse des Heiles; süßen

Trost und unfaßbare Freude in allen Kümmernissen des Lebens.

Der Satz: Inventa Maria, invenitur omne bonum, stammt von dem Abte von Celles (Contempl. de V. M. in prol.).

> Kreuz und Leid bleiben das Los
> des Marienverehrers, aber sie
> erdrücken ihn nicht.

22. Das will jedoch nicht heißen, daß derjenige, der Maria gefunden hat, von Kreuz und Leiden völlig verschont bleibt. Gerade das Gegenteil wird eintreffen. Mehr als andere wird er davon heimgesucht werden. Maria ist ja die Mutter der Lebendigen (1 Mos. 3/20), und so reicht sie all ihren Kindern Stücke des Lebensbaumes, der nichts anderes ist als das Kreuz Jesu Christi. Wenn sie ihnen aber schwere Kreuze auf die Schultern legt, so erwirkt sie ihnen zugleich die Gnade, sie mit Geduld, ja mit Freuden zu tragen. Auf diese Weise verlieren die Kreuze, die sie den Ihrigen zuteilt, ihre Bitterkeit und werden geradezu süße, liebe Kreuze. Wenn ihre Lieblinge zeitweise die Bitterkeit des Leidenskelches verkosten müssen — das bleibt den Freunden Gottes nicht erspart —, so schöpfen sie aus den Tröstungen und inneren Wonnen, die diese gütige Mutter der Trübsal beizumischen weiß, soviel Mut, daß sie noch schwerere und widerlichere Kreuze zu tragen imstande wären.

Erwarten wir also nicht, daß uns Maria von jeglichem Leide befreien wird. Es wäre eine trügerische Hoffnung!

## Marias besondere Stellung im Heilsplane

Zur Sendung und zum gottgewollten Lose jedes Menschen gehört ein gewisses Maß von äußeren und inneren Leiden, und es hieße die weisen Pläne der göttlichen Vorsehung durchkreuzen und vieler Verdienste verlustig gehen, wenn man davon gänzlich verschont bleiben wollte. Im Lichte der Schau Gottes weiß Maria genau, was gut für uns ist, ob Leiden oder Befreiung davon. Lassen wir sie walten! Je nach Verhältnissen dürfen wir um Befreiung von Heimsuchungen und Prüfungen bitten, doch sollten wir dabei nicht ganz vergessen, daß es in vielen Fällen eine unvergleichlich größere Gunst des Himmels ist, ein Kreuz ergeben und vielleicht sogar mit jubelnder Seele jahrelang zu tragen, als davon gleich erlöst zu werden. Leiden sind Gnaden! Eines Tages schreibt Gemma Galgani an ihren Seelenführer: „Morgen – am Rosenkranzfeste – möchte ich eine ganz besondere Gnade von der Mutter Gottes haben. Sie muß mir ein *großes und schweres Kreuz* erflehen, daß ich mit ihm meinem gekreuzigten Jesus nachfolgen kann. Ein anderes Geschenk begehre ich nicht. Da ich jedoch nicht imstande bin, so zu leiden, wie es sich gehört, möchte ich mit dem Kreuze aber auch die Geduld bekommen..." Das hört sich anders an als das Flehen weniger erleuchteter Seelen, deren Andacht zur Mutter Gottes sich fast ganz in der Bitte um Erlösung von Übeln erschöpft!

*Lebenswichtige Folgerung aus den bisherigen Darlegungen: Suchen wir Maria!*

23. Es kommt demnach alles darauf an, Maria in Wahrheit zu finden, denn das heißt die Fülle der Gnaden finden. Als höchster Herr und Meister aller Dinge kann Gott wohl *unmittelbar* verabreichen, was er *gewöhnlich* nur durch Maria verleiht. Es kann nicht ohne Vermessenheit in

Abrede gestellt werden, daß er in Aufnahmefällen so verfährt. Immerhin, nach dem Ratschluß der göttlichen Weisheit verteilt er in der Gnadenordnung seine Gaben an die Menschen gewöhnlich nur durch Maria. Das ist die Lehre des hl. Thomas. Um zu Gott emporzusteigen und uns mit ihm zu vereinigen, müssen wir uns des gleichen Mittels bedienen, dessen er sich bedient hat, um zu uns herniederzusteigen, Mensch zu werden und uns seine Gnaden mitzuteilen. *Dieses Mittel ist eine wahre Andacht zur allerseligsten Jungfrau.*

Der erste Teil dieses Abschnittes bedarf der Klärung. Er ist mit den Darlegungen der Wahren Andacht und gewissen Stellen dieses Büchleins (z. B. n. 10 und 35) in Einklang zu bringen, wo der Verfasser ausdrücklich lehrt, daß *gar keine Gnade* den Menschen ohne die Vermittlung Mariens zuteil wird. Der eigentliche Sinn des ersten Teiles dieses Abschnittes wäre nach berufenen Auslegern (z. B. Terrien im 3. Bande von Marie Mère de Dieu et Marie Mère des hommes) folgender: Es kann nicht ohne Vermessenheit in Abrede gestellt werden, daß uns Gott zuweilen Gnaden gewährt, ohne daß wir die Vermittlung Mariens *ausdrücklich* angerufen haben, aber *gewöhnlich* erlangen wir nichts, ohne daß wir unsere Bitten (oder daß andere sie für uns) durch Maria vortragen. So wahr uns gar keine Gnade zufließt ohne das Zutun Jesu Christi, unseres Hauptvermittlers beim Vater, so wenig wird uns irgendeine Gnade ohne die Mitwirkung Mariens zuteil, ob wir sie nun ausdrücklich anrufen oder nicht. Maria wird sich natürlich um so häufiger und um so nachdrucksvoller für uns einsetzen, je öfter wir sie um ihre Vermittlung angehen und je bleibender unsere Verbindung mit ihr ist. Der heilige Ludwig Grignion beruft sich in diesem

## Marias besondere Stellung im Heilsplane

Abschnitte auf den hl. Thomas von Aquin, ohne jedoch bestimmte Werke oder Stellen daraus anzuführen. Er hätte hinweisen können auf den Kommentar in Joh. c. 2. lect. 1. n. 2, auf das Opusc. 6. in Opera, ed. Parm. 16, 133 sequ. und auf die Summa theol. 3, qu. 27, a. 5 ad 1. Jedenfalls liegt die Lehre von der allgemeinen Mittlerschaft Mariens in der Richtung der Aquinatischen Gedankengänge. Der Titel „Miterlöserin des Menschengeschlechtes" ist von der Kirche Maria ausdrücklich zuerkannt worden (Acta Ap. Sedis 1913, 364—65; 1914, 108 bis 109). Nach Thomas von Aquin (3, qu. 26, art. I. c.) ist Christus Mittler, insofern er Erlöser ist. Die Mitwirkung bei der Erlösung bedeutet demnach innere Verknüpfung mit der allgemeinen Mittlerschaft Christi. Die Miterlöserin des Menschengeschlechtes ist also auch Mitvermittlerin aller Gnaden. Was der englische Lehrer an vereinzelten Stellen ausdrücklich und an anderen implicite über diese Fragen dargelegt hat, ist von seinem Lehrer, dem hl. Albertus Magnus, ausführlich und systematisch in seinem berühmten Mariale behandelt worden. Wissenschaftlich interessierte Kreise seien verwiesen auf Merkelbach, Quid senserit S. Thomas de Mediatione B. M. V. in Xenia Thomistica, Rom 1925, p. 505—530.

## II. TEIL

## DIE GANZHINGABE AN MARIA DURCH EINE BESONDERE WEIHE

### 1. Hauptstück: Stufen der Marienverehrung

24. Es gibt verschiedene Arten echter Marienverehrung. Von der falschen ist hier überhaupt nicht die Rede.

*Erste Stufe der Marienverehrung.*

25. Auf der ersten Stufe wird man den wesentlichen Pflichten des Christen gerecht, indem man die schwere Sünde flieht, mehr aus Liebe als aus Furcht handelt, von Zeit zu Zeit die allerseligste Jungfrau anruft und sie als Gottesmutter ehrt, ohne im übrigen eine besondere Andacht zu ihr zu hegen.

*Zweite Stufe der Marienverehrung.*

26. Auf der zweiten Stufe hegt man schon vollkommenere Gesinnungen der Hochschätzung, der Liebe, des Vertrauens und der Verehrung für Maria. Diese veranlaßt den Menschen den Bruderschaften des heiligen Rosenkranzes oder des Skapuliers beizutreten, den Rosenkranz oder den ganzen Psalter zu beten, die Bilder und Altäre

Mariens in Ehren zu halten, ihr Lob zu verkünden, ihren Vereinen beizutreten. Wenn man die Sünde flieht, ist diese Andacht als gut, heilig und löblich zu bezeichnen. Sie reicht aber an die Vollkommenheit der nächsten Stufe nicht hin, noch ist sie wie diese imstande, die Seele von den geschöpflichen Dingen freizumachen, sie ihrer selbst zu entledigen und zur engen Vereinigung mit Christus zu führen.

*Die dritte, d. h. vollkommenste Stufe der Marienverehrung.*

27. Die dritte Form der Marienverehrung ist kaum bekannt und wird von ganz wenigen Personen geübt. Mit ihr will ich Dich, auserkorene Seele, nun vertraut machen.

Die erste Stufe ist notwendig, um selig zu werden, reicht aber nicht hin, um vollkommen zu werden. Die bewußte, kalte Ablehnung jeder Marienverehrung wird allgemein als Zeichen der ewigen Verwerfung gewertet, wie das Gegenteil, innige Marienverehrung, als Zeichen der Vorherbestimmung gilt.

Die zweite Stufe ist nicht geboten, um selig zu werden, ist aber unerläßlich, um vollkommen zu werden. Das hohe Maß von erleuchtenden und stärkenden Gnaden, das zu höherem Tugendstreben erforderlich ist, wird nur dem eifrigen Marienverehrer zuteil.

Die dritte Stufe, die vom heiligen Ludwig Grignion so warm empfohlen wird, ist nicht erforderlich zur Erreichung der Vollkommenheit, wird aber von ihm mit guten Gründen als der leichte, kurze, sichere und vollkommene Weg zur Vereinigung mit Jesus Christus bezeichnet (Abh Nr. 152—167).

## 2. Hauptstück: Wesen und Umfang der Ganzhingabe an Maria

### Wesen der Ganzhingabe

**28.** *Die vollkommene Marienverehrung besteht darin, sich ohne Vorbehalt der Seligsten Jungfrau und durch sie dem Heiland hinzugeben und fortan alles mit, in, für und durch Maria zu tun.*

Diese Worte bedürfen der näheren Erklärung.

*Umfang der Ganzhingabe an Maria.*

**29.** Man wählt einen denkwürdigen Tag aus, um sich aus freien Stücken, aus lauter Liebe, ohne Zwang ganz und gar, ohne irgendeine Einschränkung, Maria *hinzugeben, zu weihen* und zu *opfern,* und zwar seinen Leib und seine Seele; seine äußeren Güter, wie Haus und Hof, Familie und Einkünfte; fernerhin seine inwendigen, seelischen Güter, nämlich seine Verdienste, Gnaden, Tugenden und Genugtuungen.

Drei Umstände rücken Vorzüglichkeit und Eigenart dieser Ganzhingabe an Maria in das rechte Licht: Sie soll nach den Weisungen Ludwig Grignions vollzogen werden

1. *aus freien Stücken* (volontairement, sans contrainte). Hier gilt kein Zwang. Niemand auf Erden ist zu einer so weitgehenden Schenkung an und für sich verpflichtet;

2. *aus lauter Liebe* (par amour). Hier hat das Herz das Wort. Nicht aus eigennützigen, unedlen Beweggründen wird diese Weihe vollzogen, sondern aus selbstloser, hochgemuter Liebe;

## Die Ganzhingabe an Maria

3. *ohne Einschränkung* (sans aucune réserve). Hier gibt es keine Abstriche. Es wird *alles* hergegeben. Der Reihe nach wird in diesem Abschnitte aufgezählt, was die hochherzige Seele der Mutter Gottes ausliefert. Mehr kann sie nicht abgeben, denn sie hat nicht mehr.

Über Vorbereitung und Vollzug der Weihe siehe die Anweisungen im Anhange (I. Hauptstück). Das Verhältnis zu Maria wird mit dem Tage der Ganzhingabe ein wesentlich neues. War es zuvor eine Reihe vorübergehender Herzens- und Gebetsbegegnungen gewesen, so wird es nun zu einem ununterbrochenen Verweilen bei Maria, zu einer geistigen Lebensgemeinschaft mit ihr.

Wohlgemerkt, kraft dieser Andacht liefert man dem Heiland durch die Hände Mariens sein Letztes und Liebstes aus. Kein Ordensgelübde geht in seinen Forderungen so weit. Man verzichtet bei der Glanzhingabe auf das Recht, das man über sich selber und den Wert seiner Gebete, seiner Almosen, Abtötungen und Genugtuungen hat. Man tritt also das volle Verfügungsrecht an die Mutter Gottes ab, die nach ihrem Gutdünken zur größeren Ehre Gottes, die ihr allein genau bekannt ist, davon Gebrauch machen wird.

Die Feststellung L Grs: „Kein Ordensgelübde geht in seinen Forderungen so weit", ist richtig, kann aber falsch verstanden werden. Die Ganzhingabe an Christus in Kraft der Ordensgelübde steht höher als die Hingabe an Maria durch die Weihe.

*Maria verfügt dann über den genugtuenden und fürbittenden Wert unserer guten Werke.*

30. Man tritt den gesamten genugtuenden und fürbittenden Wert seiner guten Werke an die

Mutter Gottes ab, damit sie darüber frei verfügen kann. Hat man einmal die Ganzhingabe vollzogen, auch wenn es ohne Gelübde geschehen ist, so ist man nicht mehr Herr über seine guten Werke. Die allerseligste Jungfrau kann sie zum Troste und zur Befreiung einer armen Seele oder zur Bekehrung irgendeines Sünders verwenden.

*Maria wacht über unsere Verdienste.*

31. Kraft dieser Hingabe legt man auch seine Verdienste in die Hände Mariens. Es geschieht jedoch nur zu dem Zwecke, daß sie diese bewahre, vermehre, verschönere. Die mit der heiligmachenden Gnade verbundenen Verdienste und das Anrecht auf die ewige Seligkeit können wir nämlich an andere nicht abtreten. Man übergibt aber Maria alle seine Gebete und guten Werke, insofern sie einen fürbittenden und genugtuenden Wert haben, damit sie nach ihrem Ermessen sie verteile und verwerte. Wenn wir dann nach vollzogener Weihe im Sinne haben, einer armen Seele Linderung zu verschaffen, die Bekehrung eines Sünders zu erflehen, einem nahestehenden Menschen durch unser Gebet, unsere Almosen, unsere Bußübungen, unsere Opfer beizuspringen, so müssen wir Maria demütigen Sinnes darum bitten und uns mit dem abfinden, was sie bestimmt. Die Entscheidung wird uns ein Geheimnis bleiben, aber wir dürfen überzeugt sein, daß der Wert unserer Handlungen sicher zur größeren

Ehre Gottes verwendet wird, verwaltet ihn doch die gleiche Hand, durch die uns Gott seine Gnaden und Gaben spendet.

Sind also nach der Ganzhingabe an Maria alle persönlichen Meinungen abgetan und unstatthaft? Der Klarheit halber seien zweierlei Meinungen unterschieden: Pflichtmeinungen und freigewählte. *Erstens*, Pflichtmeinungen: sie werden von der Hingabe in keiner Weise berührt. Jeder Mensch muß nach wie vor beten für seine lebenden und verstorbenen Angehörigen, seine Vorgesetzten, seine Untergebenen, seine Umgebung, die Kirche, das Vaterland und nicht zuletzt für sich selber. Die Meinungen, die den Pflichten der Gerechtigkeit und gebotenen Liebe entspringen, erfahren also keinerlei Änderung. Maria wird ihre Verehrer sogar drängen, es mit diesen Verpflichtungen genauer als bisher zu nehmen, und auch ersetzen, was aus Unkenntnis oder Unzulänglichkeit auf diesem Gebiete versäumt wird.

*Zweitens*, freigewählte Meinungen: diese fallen an und für sich mit der Ganzhingabe weg. Man hat Maria durch die Hingabe das volle Verfügungsrecht über den fürbittenden, sühnenden und genugtuenden Wert seiner Gebete, Tugendübungen und guten Werke eingeräumt. Man kann rechtlich und schicklich nicht mehr über das verfügen, was man abgetreten hat. Immerhin, auch die freigewählten Meinungen (z. B. zur Weckung eines bestimmten Priesterberufes) werden nicht ganz verwehrt, doch können sie nur noch unter der stillen oder ausdrücklichen Bedingung geltend gemacht werden: „wenn Maria damit einverstanden ist". Mit dieser Einschränkung bestehen die freigewählten Meinungen auch nach abgelegter Ganzhingabe zu Recht weiter. Durch diese wird übrigens viel Unvollkommenes aus unseren Gebetsmeinungen ausgeschieden. Wie oft beten die Menschen um Dinge, um die Gott gar nicht gebeten sein will, weil er weiß, daß sie weder zu seiner Ehre noch zum Wohle des Menschen gereichen. In der berühmten Hingabe an das heiligste Herz Jesu, die der selige P. Colombière am 21. Juni 1675 vollzog, unterscheidet er auch zwischen Pflicht- und freigewählten Meinungen.

*Dreierlei Sklavenschaft oder Abhängigkeit.*

32. Mit Bedacht habe ich oben (n. 28) gesagt, daß diese Andacht darin besteht, sich *nach Art eines Sklaven* an Maria hinzugeben. Man muß geflissentlich drei Arten von Sklavenschaft unterscheiden: die *erste Art* ist die naturgegebene. So sind alle Menschen, ob gut oder böse, Sklaven Gottes. Die *zweite Art* ist die Sklavenschaft auf Grund gewaltsamer Unterwerfung. So sind die bösen Geister und die Verdammten Sklaven Gottes. Die *dritte Art* entspringt der Liebe und freien Wahl und ist die Weise, wie wir uns Gott durch Maria hingeben sollen. Es ist die vollkommenste Weise, wie ein Wesen seinem Schöpfer anhangen kann.

Siehe Bemerkung nach Nr. 33.

*Sinn der freiwilligen Sklavenschaft.*

33. Man übersehe jedoch nicht, daß zwischen einem *Diener* und einem *Sklaven* ein großer Unterschied besteht. Der Diener läßt sich für die geleisteten Dienste bezahlen; bei dem Sklaven ist dies nicht der Fall. Dem Diener ist es freigestellt, den Herrn wieder zu verlassen, wenn er will; er dient ihm nur die ausgemachte Zeit; der Leibeige-

*Die Ganzhingabe an Maria*

ne hat nicht das Recht fortzulaufen, er ist sein Leben lang an seinen Herrn gebunden. Der Diener tritt seine persönlichen Rechte über Leib und Leben an den Herrn nicht ab; der Sklave dagegen gehört diesem ohne Vorbehalt, so daß der Herr ihn sogar ungestraft umbringen kann. Man sieht auf den ersten Blick, daß die Sklavenschaft durch Knechtung ein Abhängigkeitsverhältnis bedeutet, das eigentlich nur zwischen dem Menschen und seinem Schöpfer bestehen darf. Bei rechten Christen gibt es deshalb auch keine Sklaven. Diese gibt es nur noch bei den Mohammedanern und bei den Heiden.

So schrieb L Gr vor gut 250 Jahren, als der Sklavenhandel noch gang und gebe war. Den Sklavenbegriff hat er nicht in der Marienfrömmigkeit eingeführt, sondern, wie er ausdrücklich erwähnt (Abh Nr. 159—63), von der Tradition übernommen. Schon in frühen Zeiten der christlichen Zeitrechnung finden wir ihn auf einer Art Bleimedaillen, die in Nordafrika gefunden worden sind und die die Inschrift doulos Theotokou, d. h. „Knecht, Sklave der Gottesgebärerin", tragen. — Da unsere Zeit sich mit dem Ausdruck „Sklave" nicht befreunden kann, so lassen wir ihn, wie bereits erwähnt (siehe Einführung S. 21), fallen, zumal er nicht zum eigentlichen Wesen der Marienhingabe im Sinne L Grs gehört. Bei diesem liegt der Schwerpunkt auf *dem Leben der Abhängigkeit von Maria.* Diese Abhängigkeit kann beim Kindesverhältnis zu ihr geradeso oder noch besser geübt werden als beim Sklavenverhältnis. Indem wir den Sklavenbegriff aufgeben, geben wir nichts vom Wesen der Marienlehre L Grs preis. Wer nach wie vor das Sklavenverhältnis L Grs für sein Verhältnis zu Maria bevorzugt, bleibe ruhig dabei.

## II. Teil

*Glück der Ganzhingabe.*

34. Selig und abermals selig der hochgemute Mensch, der sich ohne Vorbehalt dem Heiland durch Maria hingibt, nachdem er durch die Taufe die tyrannische Knechtschaft Satans abgeschüttelt hat.

### 3. Hauptstück: die großen Vorteile der Ganzhingabe

35. Ich bräuchte nun viel Licht von oben, um die Vortrefflichkeit dieser Übung recht zu schildern. Streifend sei hier nur folgendes gesagt:

> *Wir ahmen dadurch die drei göttlichen Personen nach.*

*Erstens:* wer sich so dem Heiland durch die Hände Mariens schenkt, ahmt *Gott den Vater* nach, der uns seinen Eingeborenen nur durch Maria geben wollte und uns seine Gnaden nur durch Maria spendet. Er ahmt *Gott den Sohn* nach, der nur durch Maria zu uns herabgestiegen ist und uns durch sein Beispiel auffordert, auf dem nämlichen Wege zu ihm zu gehen, auf dem er zu uns gekommen ist, nämlich durch Maria. Er ahmt den *Heiligen Geist* nach, der uns seine Gnadengaben nur durch Maria zufließen läßt.

Ist es nicht recht und billig, sagt der hl. Bernhard, daß die Gnade zu ihrem Ursprunge durch den gleichen Kanal zurückkehre, durch den sie uns zugeflossen ist? (De Aquaeductu, n. 18.)

### Die Ganzhingabe an Maria

> *Die Ganzhingabe an Maria bedeutet die beste Haltung Christus gegenüber.*

36. *Zweitens:* Indem wir auf diese Weise durch Maria zum Heilande gehen, ehren wir diesen durch die Tat und drücken dadurch aus, daß wir ob unserer Sündhaftigkeit unwürdig sind, uns unmittelbar von uns aus ihm, dem Allerheiligsten, zu nahen, und daß wir Maria, seine hochheilige Mutter, als Sachwalterin und Mittlerin bei ihm, unserem Hauptvermittler, brauchen. Durch diese Seelenhaltung nahen wir uns ihm als unserem Mittler und Bruder und beugen uns zugleich vor ihm als unserem Gott und höchsten Richter. Mit einem Wort, so üben wir die Demut, die noch immer das Herz Gottes bezwungen hat.

> *Maria läutert unsere Werke und überreicht sie Gott.*

37. *Drittens:* Indem wir auf diese Weise uns dem Heiland durch Maria weihen, legen wir unsere guten Werke in Mariens Hände. Was uns gut scheint, ist oft genug befleckt und vermag vor dem prüfenden Auge Gottes, vor dem selbst die Sterne unrein sind, nicht zu bestehen. Wir tun also gut daran, diese gütige Mutter und Herrin zu bitten, sie möge unsere armselige Gabe in Empfang nehmen und sie reinigen, heiligen, adeln und verschönern, bis sie Gottes Wohlgefallen findet. Alle Erträgnisse unseres Innenlebens sind

so wenig imstande Herz und Huld Gottes, des großen Familienvaters, zu gewinnen, als der wurmstichige Apfel eines armen Landmannes geeignet ist, als Zahlungsmittel bei dessen königlichem Pachtherrn zu dienen. Was würde der arme Mann anfangen, wenn er Geschick hätte und bei der Königin in Gunst stünde? Würde diese nicht aus Liebe zum armen Landmanne und in Ehrfurcht vor dem König die wurmstichigen und schadhaften Teile der Frucht entfernen und diese auf eine goldene, blumengeschmückte Schale legen? Könnte sie der König dann ablehnen? Würde er sie nicht sogar mit Wohlgefallen aus der Hand der Königin, die dem armen Pächter gewogen ist, entgegennehmen? „Willst Du Gott eine unscheinbare Gabe darbringen, sagte der hl. Bernhard, so lege sie in die Hände Mariens, wenn Du nicht abgewiesen werden willst."

Anspielend auf die Tätigkeit seiner Pfarrkinder, die in der Mehrzahl Lumpensammler der Pariser Bannmeile waren, sagt P. Lamy einmal in seiner kindlich-frommen Art: "... die Hauptsache ist, daß man das Beten nicht versäumt. Maria verschönert und vervollkommnet dann unser unvermögendes Gebet und bringt es dem Heilande dar. Selbst wenn es nur armseliges Gerümpel wäre, kann sie es noch vergolden und dem Ewigen angenehm machen. Sie ist unendlich geschickter als die geschickteste Lumpensammlerin in der Pariser Bannmeile. Aus einem Nichts kann sie hundert Sachen herausklauben..." (P. Lamy erzählt. S. 145). Die aus den Werken des hl. Bernhard angeführte Stelle ist im Sermo de Aquaeductu zu finden und lautet **genau: Quidquid Deo offerre paras,** Mariae commendare memento, si non vis sustinere repulsam.

## Die Ganzhingabe an Maria

*Die Enteignung macht uns reich.*

38. Heiliger Gott, wie armselig sind doch alle unsere Werke! Wir wollen sie kraft dieser Andacht Mariä in die Hände legen. Nachdem wir durch die Ganzhingabe bis an die Grenzen der Möglichkeit gegangen sind und uns ihr zu Ehren ganz enteignet haben, wird sie sich an hochgemuter Freigebigkeit nicht überbieten lassen. Für ein Ei wird sie uns ein Huhn geben, wie das Sprichwort sagt. Sie wird sich uns samt ihren Verdiensten und Tugenden zu eigen geben. Sie wird unsere Gaben auf die Schale ihrer Liebe legen. Ähnlich wie Rebekka den Jakob bekleidet hat, wird sie uns mit den schönen Gewändern ihres ältesten und einzigen Sohnes bekleiden, d. h. mit den Verdiensten Jesu Christi, über die sie verfügen kann. Nachdem wir ihr zu Ehren alles hergegeben haben, werden wir als ihre Hausgenossen und Diener doppelte Kleidung tragen: omnes domestici ejus vestiti sund duplicibus (Sprichw. 31,21). Die Gewandung, der Schmuck, der Wohlgeruch, die Verdienste und die Tugenden Jesu und die Mariens werden das geistige Erbe des Dieners Jesu und Mariä, der sich seiner entäußert hat und in dieser Selbstäußerung verharrt.

Die Ganzhingabe begründet eine Art Güter- und Lebensgemeinschaft zwischen Maria und dem Menschen. „All das Deine ist mein, all das Meine ist dein", sagte die Mutter Gottes zum gottseligen Philipp Jeningen (Ein Apostel der Liebe, von P. Baumann, 6. Kap.). Im Livre de l'Amour Miséricordieux (Arras, 1934) spricht Maria.

"Ich bin die mütterliche Liebe...
Die mich zu sich nehmen (Joh 19,27),
Die werde ich zu mir nehmen,
und wir werden dann zusammen leben und
Ich werde sie alles tun lehren,
was Er ihnen sagen wird (Joh 2,5)."

Zuweilen darf der Gläubige, der sich Maria anvertraut hat, den beglückenden Schutz Mariens erfahrungsmäßig innewerden. So schreibt einmal Schwester Julitta – es war auf den Anfangsstufen ihres Aufstieges zum dreifaltigen Gott – in ihren Aufzeichnungen: „Gleichzeitig überkam mich eine einzigartige Seelenruhe und tiefes Seelenglück, bewirkt durch eine besondere Gunstbezeugung Mariens, die sich in fortgesetztem, bleibendem Zustand dahin auswirkte: Mutterschutz! Und zwar in der Weise, daß ich stets die Hand Mariens schützend über mich ausgebreitet fühle, das soll heißen: Ich darf das erfahren, innewerden, ohne eine deutliche Form oder Gestalt wahrzunehmen. Das bedeutet mehr für mich als an der Hand geführt werden. Es ist ein Thronen Mariens über mir als Herrin und Beschützerin, als meine Mutter und Königin, die ihre Gegenliebe auf mich überströmen läßt, ähnlich der Freundschafts- und Vaterliebe Gottes. So vereint sich in meiner Seele höchstes Glück in Gott, dem Dreieinigen, *unter Mariens beständigem, fühlbar mütterlichem Schutz*" (Schw. Maria Julitta, Ihr geistliches Vermächtnis, Seite 63. Hartverlag-Volkach).

*So üben wir die vollkommene Nächstenliebe und den Seeleneifer.*

39. *Viertens:* Wer sich so der Mutter Gottes hingibt, übt die Nächstenliebe im höchsten Grade. Indem er sich ihr aus freien Stücken vorbehaltlos verschreibt, gibt er sein Letztes und Liebstes her,

damit sie nach ihrem Gutdünken zugunsten der Lebenden und Verstorbenen darüber verfüge.

Im Handbuch der Legio Mariae heißt es sehr gut: „Wahre Marienverehrung muß den Dienst an den Seelen einschließen" (27. Kap., Nr. 3). Dieser Dienst an den Seelen wird auf zweifache Weise verwirklicht: Einerseits durch Gebet und Opfer, andererseits durch die apostolische Tat. Diese Ziele verfolgen die großen apostolisch-marianischen Vereinigungen wie die Legio Mariae, die Blaue Armee, der Sühnerosenkranzkreuzzug, die eucharistisch-marianische Opfergemeinschaft, die Schönstattbewegung, die marianischen Kongregationen und ähnliche Vereinigungen und Bewegungen. Wie schlecht ist es leider um die Heilswahrscheinlichkeit vieler Menschen bestellt! Auf der einen Seite sind die Millionen von Heiden, die noch im Schatten des Unglaubens sitzen, auf der anderen Seite die vielen Christen, die im Licht sündigen. Den einen wie den andern muß durch Gebet, Opfer und apostolische Tat geholfen werden, damit sie nicht dem namenlosen Elend der ewigen Verwerfung anheim fallen. Jede Seele ist ein Königreich wert!

> *Maria wird nach der Ganzhingabe über unsere geistlichen Schätze wachen.*

40. *Fünftens:* Durch diese Andacht bringt man seine Gnaden, Verdienste und Tugenden in Sicherheit. Man hinterlegt sie bei Maria und spricht zu ihr: „Hier hast Du, meine liebe Herrin, was ich mit dem Beistande Deines teuren Sohnes an Gütern erworben habe. Wegen meiner Schwäche und meines Wankelmutes, wegen der großen Zahl und der Bosheit meiner Feinde, die mich Tag und Nacht bedrängen, bin ich nicht imstande,

sie selber zu bewahren. Großer Gott, kann man es nicht alle Tage erleben, wie Zedern vom Libanon in den Staub sinken; wie Adler, die sich bis zum Himmel erhoben hatten, sich in Nachtvögel verwandeln; wie auf einmal tausend Gerechte zu meiner Linken und Zehntausend zu meiner Rechten zu Boden sinken! Du aber meine mächtige, allesvermögende Herrin, halte mich, sonst werde ich geradeso zu Fall kommen. Hebe meine Güter auf, damit sie mir nicht entrissen werden. Alles, was mein ist, hinterlege ich bei Dir: Depositum custodi. — Scio cui credidi: Ich weiß, wem ich mich anvertraut habe. Du wahrst Gott und den Menschen die Treue und wirst daher nicht zulassen, daß etwas von dem verlorengehe, was ich Dir übergebe. Du bist mächtig, nichts kann Dir schaden, noch kann jemand Dir entreißen, was Du in Händen hast."

„Wenn Du ihr folgst, gerätst Du nicht auf Abwege; wenn Du zu ihr flehst, fällst Du nicht der Verzweiflung anheim; wenn Du an sie denkst, wirst Du nicht irregehen; wenn sie Dich hält, wirst Du nicht straucheln; wenn sie Dich unter ihren Schutzmantel nimmt, brauchst Du nichts zu fürchten; wenn sie Dich führt, wirst Du nicht ermatten; wenn sie Dir wohlgesinnt ist, wirst Du dein Ziel erreichen." So der hl. Bernhard (Inter flores cap. 135, De Maria Virgine, S. 2150). Anderswo sagt der gleiche: „Sie hält ihren Sohn zurück, damit er nicht strafe; sie hält den bösen

Feind in Schach, damit er nicht schade; sie hält die Tugenden fest, damit sie nicht entfliehen; sie hält die Verdienste fest, damit sie nicht zerrinnen." Diese Worte des hl. Bernhard fassen alles zusammen, was ich eben dargelegt habe. Wenn es sonst keinen Beweggrund gäbe, um mich zur Übung dieser Andacht aufzumuntern als die Tatsache, daß dadurch die Bewahrung und das Wachstum der Gnade so weit als möglich gewährleistet werden, so wäre das allein Grund genug, um Feuer und Flamme dafür zu werden.

Nach dem ersten Zitat (Ipsam sequens . . .) aus den Werken des hl. Bernhard, das in De Laud. Virg. M. homil. 2. zu finden ist, wird eine weitere Stelle angeführt, die Ludwig Grignion ebenfalls dem hl. Bernhard zuschreibt. Diese entstammt in Wirklichkeit dem Speculum B. M. V. (lect. 7, § 6) des hl. Bonaventura.

*Die Ganzhingabe fördert die innere Freiheit und den Seelenfrieden.*

41. *Sechstens:* Diese Andacht macht die Seele wahrhaft frei mit der Freiheit der Kinder Gottes. Da man sich ohne Vorbehalt in den Dienst Mariens gestellt hat, so macht diese gütige Herrin zum Danke unser Herz weit und läßt uns mit Riesenschritten auf den Wegen der Gebote Gottes voraneilen. Sie verbannt den Überdruß, die Trübseligkeit und die ungesunde Ängstlichkeit aus der Seele. Der Heiland selbst lehrte diese Andacht die Mutter Agnes von Langeac, die im Rufe der Heiligkeit gestorben ist, als sicheres

Mittel, um von ihren großen „seelischen Wirrnissen und Unruhen frei zu werden". „Werde Leibeigene meiner Mutter", sprach er zu ihr. Sie tat es, und sogleich wichen ihre mannigfachen inneren Leiden.

Seelenruhe und wachsende innere Sicherheit gehören zu den kostbaren Früchten der echten und beharrlichen Marienverehrung. Ängstlichkeit und Unruhe können auf mancherlei Ursachen zurückgehen und sind je nach ihrem Ursprung verschieden zu behandeln.

Eine Ursache kann in gesundheitlichen Störungen (überreizten Nerven, Überarbeitung unzureichendem Schlaf und dergleichen) zu suchen sein. In diesem Falle führen rein geistige Gegenmittel nicht zum Ziele. Eine Besserung des seelischen Befindens ist in diesem Falle nur von vernünftiger Körperpflege und blindem Gehorsam dem Beichtvater gegenüber zu erwarten.

In anderen Fällen ist die innere Unruhe der Widerhall eines stillen Krieges zwischen Gott und dem Menschen. Gott verlangt Opfer, die Seele bringt sie nicht. Diese wird dann innerlich hin- und hergeworfen und wird nicht eher Frieden finden, als bis die von der Gnade geforderten Opfer gebracht sind. Die Hingabe und der enge Anschluß an Maria verhelfen in diesen Fällen zu herzhaftem Verzicht und mutvollem Handeln.

Geistesdürre, Verlassenheit, Glaubenszweifel, innere Finsternis und ähnliche schmerzende Seelenzustände, die in keinem Heiligenleben fehlen, können auch besondere Fügung Gottes sein. Der Mensch soll dadurch geläutert werden oder für fremde Sünden Sühne leisten. In beiden Fällen ist die Ganzhingabe besonders zu empfehlen, denn sie bringt Licht, Kraft und Ausdauer, die in diesem Zustande in hohem Maße erforderlich sind. Auf einen langen Brief, worin die nun heiliggesprochene Michaela vom hl. Sakramente sich über ihre mannigfachen Seelenleiden ausgesprochen hatte, antwortete der hl. P. Antonius Claret lakonisch: „Lesen Sie die ‚Herrlichkeiten Mariens' des hl. Alphons von Liguori und vertrauen Sie sich der Mutter Gottes an."

Die in dieser Nummer von Ludwig Grignion erwähnte Agnes von Langeac starb als Dominikanerin im Jahre 1634. Sie war stigmatisiert und wurde 1808 selig gesprochen. Sie spielte eine bedeutsame Rolle im Leben Jacques Oliers, des Begründers der Priestererziehungswerke von St. Sulpice, und befruchtete geistig dessen Bestrebungen durch ununterbrochenes Gebet und ein heldenhaftes Opferleben.

> *Die Übung der Ganzhingabe ist von der Kirche gutgeheißen und wurde von zahlreichen heiligmäßigen Personen gepflegt.*

42. Die päpstlichen Schreiben und Ablässe, die Empfehlungsschreiben der Bischöfe, die zu ihrer Förderung errichteten Bruderschaften und das Beispiel einer großen Anzahl von heiligmäßigen und hervorragenden Persönlichkeiten, die diesen Weg gegangen sind, müßten nun zur Bestätigung der Andacht angeführt werden. Das alles wird hier stillschweigend übergangen.

Es sei hier lediglich hingewiesen auf die Kundgebungen der Päpste unseres Jahrhunderts.

Pius X.: Am 27. Dezember 1908 äußerte er dem Generalprokurator der Gesellschaft Mariens gegenüber: „Bevor ich das Rundschreiben über das 50jährige Jubiläum der Verkündigung der Unbefleckten Empfängnis verfaßt habe, habe ich diese Abhandlung des gottseligen Ludwig Grignion *wiederum* gelesen." Das ganze Rundschreiben atmet in der Tat den Geist des großen Marienverehrers. Pius X. ließ sich in die auf den Heiligen zurückgehenden Vereinigung der Priester Mariens, der Königin der Herzen, anläßlich seines goldenen Priesterjubiläums aufnehmen und schrieb mit eigener Hand unter eine Bittschrift: „Der Bitte gemäß empfehlen Wir *eindringlichst* die wunderbare Abhandlung des gottseligen Ludwig Grignion über die Wahre Andacht zur seligsten Jungfrau und erteilen den Lesern derselben den Apostolischen Segen."

*Benedikt XV.:* Anläßlich der zweiten Jahrhundertfeier des Hinscheidens des heiligen Ludwig Grignion erklärte er in einem eigenhändigen Schreiben an den Generalobern der Gesellschaft Mariens unter anderem: „Als wirksames Mittel zu Eurer Tätigkeit hat er Euch das mit eigener Hand geschriebene Buch der Wahren Andacht zur allerseligsten Jungfrau hinterlassen, damit Ihr es dem Volke erklärt. Das Buch ist zwar klein an Umfang, aber wie groß ist sein Ansehen und wie groß ist seine Salbung! Wir freuen Uns, daß dasselbe durch Euch soweit verbreitet worden ist. Möge es noch weiter verbreitet werden..."

Pius XI.: Als Kardinal Mercier an Weihnachten 1924 dem Hl. Vater seine Schrift „Die allgemeine Gnadenvermittlung der allerseligsten Jungfrau und die Wahre Andacht zu Maria von dem seligen Ludwig Grignion von Montfort" überreichte, fragte er ihn, ob er diese Andacht kenne. Er erhielt die Antwort: „Ob ich sie kenne?... Ich übe sie von Jugend auf!"

Pius XII.: Er hat Ludwig Grignion heiliggesprochen und nannte ihn bei diesem Anlaß „den Führer, der uns zu Maria und durch Maria zu Jesus führt."

## III. TEIL

## DIE GESTALTUNG UNSERES LEBENS IN VÖLLIGER ABHÄNGIGKEIT VON MARIA

1. Hauptstück: die inneren Übungen der Ganzhingabe

43. Oben (n. 28) habe ich fernerhin gesagt, daß diese Andacht uns anleitet, *alle Handlungen mit, in, durch und für Maria zu verrichten.*

> *Die Ganzhingabe erfordert die ständige innere Abhängigkeit von Maria.*

44. Es reicht nicht hin, sich *einmal* Maria als Kind und Diener zu verschreiben. Es genügt auch nicht, die Schenkung alle Monate oder alle Wochen zu erneuern. Eine solche Andachtsübung bliebe zu sehr an der Oberfläche haften und würde die Seele nicht zu jener Stufe der Vollkommenheit emporführen, die durch sie erreicht werden kann. Es ist nicht allzuschwer, einer Bruderschaft beizutreten, diese Andacht anzunehmen und alle Tage einige vorgeschriebene mündliche Gebete zu verrichten. Die eigentliche Schwierigkeit liegt darin, in den Geist dieser Andacht ein-

*zudringen, d. h. die Seele vermöge die Ganzhingabe innerlich von Maria und durch sie vom Heiland abhängig zu machen.*

Ich bin im Leben vielen Personen begegnet, die sich mit bewundernswertem Eifer den äußeren Übungen der Marienhingabe unterzogen haben. Ich muß aber gestehen, nur sehr wenige getroffen zu haben, die deren Geist in sich aufgenommen haben, und noch weniger, die darin verharrt sind.

„... nur sehr wenige getroffen zu haben ..." Klingt aus dieser Äußerung des Verfassers nicht ein Akzent verhaltener Wehmut? Warum ist die Zahl der Verstehenden und Beharrlichen nicht größer? Die Antwort liegt nahe. Nur wenige geben sich selbst ganz auf, und deshalb sind auch nur wenige befähigt, den Geist Mariens in ihre Seele eindringen und dort auswirken zu lassen. Weil sie die Läuterung, die eine jahrelange, mühselige Arbeit an sich selber bedeutet, und das Kindsein vor Maria nicht beharrlich genug pflegen, kommen selbst marianische Seelen über eine gewisse Mittelmäßigkeit im inneren Leben vielfach nicht hinaus. P. Poulain, der erfahrene Meister des Innenlebens, erzählt von den Tränen, die er in den Augen der edelsten der von ihm geführten Seelen hat glänzen sehen, wenn die letzten Bollwerke des Ich und die restlichen ichverhafteten Wünsche aufzugeben waren. Ludwig Grignion läßt sich die Überzeugung nicht nehmen, daß man auf marianischen Wegen das Ziel am sichersten und leichtesten erreicht. Er schreibt in der Abh Nr. 82: „Wie es in der Natur Geheimnisse gibt, um in kurzer Zeit, mit geringen Unkosten und ohne viel Mühe gewisse natürliche Ziele zu erreichen, so gibt es auch in der Gnadenordnung Geheimnisse, um in kurzer Zeit mit Lust und Leichtigkeit übernatürliche Handlungen zu setzen, *das Ich zu entleeren* (se vider), sich mit Gott anzufüllen und so vollkommen zu werden. Die von mir gelehrte Übung ist eines dieser Gnadengeheimnisse, das der Großzahl der Gläubigen ganz verborgen ist, nur wenigen Frommen sich erschließt und von noch wenigeren beharrlich gepflegt und zum bleibenden Erlebnis wird."

*Alles mit Maria tun.*

**45.** Die Hauptübung dieser Andacht besteht darin, alle Handlungen *mit* Maria zu verrichten, d. h. die Mutter Gottes zum vollendeten Vorbilde bei allem Tun vor Augen zu haben.

Nach Ludwig Grignion soll alles „mit Maria" geschehen. „Mit Maria" könnte an und für sich auch bedeuten „in Begleitung von Maria" oder „in Vereinigung mit Maria". Das meint der Verfasser aber nicht. Für ihn ist das „mit" hier gleichbedeutend mit „wie". Alles mit Maria tun, heißt also nach ihm, alles *wie* Maria tun, nach ihrem Vorbilde, in ihren Gesinnungen.

Bei unserem Tun und Lassen sollen wir uns demnach zuweilen fragen: Wie hat Maria in ähnlichen Lagen gehandelt? Was würde sie an meiner Stelle tun? Wie würde sie diese Tugend üben, oder wie hat sie dieselbe geübt? Wenn wir stets auf Maria als unser Vorbild schauen, wird ihre Art zu sein, zu denken und zu tun allmählich die unsere werden. Schwester Bonaventura Fink lebte in ihrer geschickten und begnadeten Art nach dem Vorsatz: „Ich will eine zweite Maria sein", d. h. Mariens Leben und Tugenden nachvollziehen.

Nach der Lehre des II. Vatik. Konzils sind die drei wesentlichen Züge der „Wahren Andacht" zu Maria: 1. Anerkennung ihrer Vorrangstellung als Gottesmutter; 2. die kindliche Liebe zu ihr als unserer geistigen Mutter; 3. *die Nachahmung ihrer Tugenden* (Siehe LG Nr. 67, Ende).

*III. Teil*

> *Damit Maria in der Seele wirken kann, soll diese auf sich verzichten und die Meinungen Marias übernehmen.*

46. Bevor man etwas in Angriff nimmt, soll man auf sich selber und seine eigenen Einsichten *verzichten;* tief gebeugt vor Gott muß man eingestehen, daß man zu allem Guten in der Gnadenordnung und zu jeder heilsnützlichen Tat von sich aus unfähig ist. Sodann soll man sich *an Maria wenden und sich mit ihren Meinungen vereinigen,* obgleich uns diese unbekannt sind. Endlich soll man sie *durch Maria mit den Meinungen Jesu Christi vereinigen,* d. h. man überläßt sich selber wie ein Werkzeug den Händen Mariens, damit sie in uns, mit uns und für uns wirke, wie es ihr gefällt, zur größeren Ehre ihres Sohnes und mittels ihres Sohnes Jesus Christus zur Verherrlichung des Ewigen Vaters. So entwickelt sich das gesamte innere Leben und die geistige Tätigkeit *in völliger Abhängigkeit* von ihr.

Über diese drei in diesem Abschnitte empfohlenen, für das marianische Leben sehr bedeutungsvollen Übungen siehe die längeren Ausführungen im Anhange dieses Büchleins (III. Hauptstück).

*Alles in Maria tun.*

47. Man soll alles in Maria tun, d. h. man muß es durch die Gewohnheit so weit bringen, daß man sich nach innen *kehrt, um sich die Mutter Gottes gedanklich oder geistig bildhaft vorzustellen.*

*Die Gestaltung unseres Lebens*

Sie wird für den Menschen trauter *Betort* werden, wo dieser Gott alle seine Anliegen vortragen kann, ohne eine Abweisung befürchten zu müssen. *Turm Davids*, wohin er sich vor all seinen Feinden flüchten kann. *Brennende Lampe*, die sein ganzes Innenleben erleuchtet und die Glut der Gottesliebe entzündet. *Heiliges Brautgemach*, wo Gott in seinen geheimnisvollen Beziehungen zu ihr sichtbar ist. Endlich wird Maria diesem Menschen *eins* und *alles in seinen Beziehungen zu Gott* werden und seine *Stütze in jeglichem Tun*. Betet er, so tut er es in Vereinigung mit Maria: geht er zur hl. Kommunion, so führt er Jesus in das Innere Mariens ein, damit er dort sein Wohlgefallen finde. Wie immer er sich auch betätigen mag, so geschieht es in Verbindung mit Maria. Allenthalben und in allen Stücken tritt das Ichhafte durch den Selbstverzicht zurück.

Der erste Abschnitt lehrt uns, wie wir uns Maria vergegenwärtigen können. Wie es einen Wandel in Gottes Gegenwart gibt, so gibt es auch einen Wandel in der Gegenwart Mariens. Weder hier noch dort darf die Einbildungskraft überanstrengt werden. Es genügt das ruhige *Denken an Maria*.

Die Begriffe, die Ludwig Grignion hier und an verschiedenen anderen Stellen seiner marianischen Schriften mit der Wendung „in Maria" verbindet, lassen sich der Hauptsache nach in drei Punkte zusammenfassen:

I. „In Maria" leben und handeln kann soviel heißen wie: *die Geborgenheit in Maria* suchen und genießen. Der Mensch fühlt sich bei Maria daheim, er flüchtet sich dorthin in seinen Nöten und Bedrängnissen, dort trotzt er den Stürmen des Lebens, er schlägt im Inneren Mariens seine Wohnstätte auf. Die Kunst hat diesem Gedanken des seligen Geborgenseins in den bekannten Darstellungen der Schutzmantelmadonna bildlichen Ausdruck verliehen. Man denke nur an das Gnadenbild von Ravensburg, wo Maria zehn Personen verschiedenen Geschlechts, verschiedener Berufe und verschiedenen Alters unter ihrem schützenden Mantel birgt. Bekannt ist das Lied: „Maria, breit den Mantel aus ..." Die Kirche ist die erste, die in ihren Bedrängnissen voll Vertrauen zu Maria eilt und die Gläubigen immer wieder beten läßt: „Unter deinen Schutz und Schirm fliehen wir, o heilige Gottesgebärerin ..."

II. „In Maria" leben und handeln kann auch bedeuten: *alles in Vereinigung mit Maria* tun, also in Vereinigung mit ihr beten, mit ihr arbeiten, mit ihr leiden, mit ihr sühnen, in einem Worte, alles in bewußter Vereinigung mit Maria tun. Diese Verbundenheit und dieses Zusammengehen in allem wird durch einen Willensakt herbeigeführt. Es genügt, wenn man anmutungsweise spricht: „O Maria, meine Mutter, ich vereinige mich ganz mit Dir; eins mit Dir will ich jetzt beten ...

> eins mit Dir will ich diese Arbeit verrichten ...
> eins mit Dir will ich den Willen Gottes erfüllen ...
> eins mit Dir will ich dieses Leid tragen ...
> eins mit Dir will ich Sühne leisten ...
> eins mit Dir bete ich den Heiland an und liebe ihn ..."

oder man betet ähnlich nach den jeweiligen Verhältnissen.

Die angestrebte Vereinigung tritt wirklich ein, wenn der genannte Willensakt gesetzt wird und die in Frage kommende Betätigung dem Willen Gottes entspricht. Da sie nicht in Gefühlen besteht und von diesen auch nicht erfaßt werden kann, so drängt sich zuweilen vielleicht der Zweifel auf, ob sie tatsächlich vorhanden ist. Dieser Zweifel ist unbegründet und darf in keinem Fall beunruhigen. Auch hier heißt es in der Dunkelheit des Glaubens handeln.

*Die Gestaltung unseres Lebens*

III. „In Maria" leben und handeln kann aber noch einen tieferen Sinn haben. Es kann auch bedeuten: Maria in sich wirken lassen, so daß das Tun nicht so sehr vom Menschen, als von ihr bestimmt und getragen wird. Maria erfaßt in diesem Falle die Seele, handelt durch sie und in ihr, ohne deren Freiheit zu beeinträchtigen, benutzt sie als Werkzeug: dieses Befruchtet- und Getragenwerden von Maria setzt seitens des Menschen ungeteilte Hingabe, völlige Selbstentäußerung und große Willfährigkeit voraus und nimmt bei geläuterten, fortgeschrittenen Seelen zuweilen besonders begnadete, mystische Formen an. Für solche Gnaden kann man sich bereit machen, aber ihre Gewährung hängt letzten Endes vom freien Ermessen des Heilandes und der Mutter Gottes ab.

Zur Bestätigung des Gesagten seien die Worte Christi an einer Stelle aus dem „Fließenden Gottesjubel" (S. 132—34 der 1. Auflage, Ritaverlag Würzburg) angeführt: „Sehr häufig finden die jungfräulichen und die Priesterseelen in der innigsten Liebe zur Unbefleckten eine solch wunderbare Befruchtung ihrer einsamen Seele, daß sie in ihrem Beruf Staunenswertes zu leisten vermögen, eigentlich nicht sie, sondern die jungfräuliche Gottesmutter *durch sie*. Mit Hilfe der Gnade entwickelt sich in ihren Seelen eine so zarte, reine Liebe und Verehrung für Maria, die Reinste, daß dieses Verhältnis zu einem geistigen Urbild aller menschlichen Brautschaft sich steigert gleich dem zwischen mir, Christus und meiner Kirche. Die Seele wird mit einem Übermaß von Gnaden erfüllt und wird mit der auserlesensten Liebe der Bevorzugung von seiten dieser reinsten und heiligsten aller Seelenbräute beglückt. Die Wonnen, die von dieser „mystischen Rose" ausgehen, berauschen das Herz ... Als getreue Mutter der Seelen und treueste Braut des Hl. Geistes führt sie ihre wahren Verehrer dahin, daß sie den einsamen „Sprung" in den Ozean der Ewigen Liebe wagen. Sie ermuntert ihre Kinder, ihr Feinstes und Zartestes, Innerstes und Letztes dem Wohlgefallen des Hl. Geistes, den

Einströmungen seiner Liebe allein vorzubehalten, so wie sie selbst ihr Leben lang getan hat."

Werkzeug Mariens sein dürfen! Das ist von jeher ein Lieblingstraum hochgemuter Seelen gewesen. So betet einmal der hl. Antonius Claret (Autob. I., 6): „Suchst Du ein Werkzeug, um diesen Übeln (der Menschenverderbnis) Einhalt zu gebieten? Hier hast Du eines! Gerade mein Elend und meine Armseligkeit befähigen mich dazu, denn so wird sich Deine große Macht zeigen und alle Welt wird sehen, daß Du in mir wirkst und nicht ich. Mutter, zaudere nicht, verfüge über mich!"

*Alles d u r c h Maria.*

48. Man soll stets *durch* Maria zum Heiland gehen, indem man sich ihrer Fürsprache und ihres großen Einflusses bei ihm bedient und nie allein zu ihm kommt, wenn man betet.

Vergleiche dazu die Erläuterungen und Ergänzungen im Anhange dieses Büchleins (II. Hauptstück). Die Ausführungen Ludwig Grignions über das „durch, in, mit und für Maria" im Geheimnis Mariens und in der Abh decken sich nicht ganz. Wäre ihm ein längeres Leben beschieden gewesen, hätte er die einzelnen Begriffe sicherlich schärfer umrissen. Es handelt sich hier um wichtige Bestandteile seiner Lehre. Er wendet sich zumal an jene Marienverehrer, die nicht nur ein frommes, sondern ein vollkommenes Leben führen wollen: pour ceux qui l'Esprit-Saint appelle à une haute perfection (Wahre Andacht Nr. 257).

*Wir sollen alles f ü r Maria tun.*

49. Alle Handlungen sollen *für* Maria sein, d. h. wer sich vorbehaltlos dieser hohen Fürstin geweiht hat, soll bei jeder Betätigung nur noch ih-

ren Dienst, ihren Vorteil und ihre Verherrlichung als nächstliegendes und die Ehre Gottes als letztes Ziel im Auge haben. Eine solche Seele muß in Tun und Lassen der Eigenliebe absterben, die sich mit tückischer Heimlichkeit allenthalben einzuschleichen sucht. Sie muß immer wieder aus tiefstem Herzensgrunde beten: O meine liebe Mutter, *Dir* zuliebe gehe ich dahin oder dorthin; *Dir* zuliebe will ich dieses oder jenes in Angriff nehmen; *Dir* zuliebe will ich dieses Leid, diese Unbill tragen ...

Strenge Selbstprüfung in Bezug auf die sogenannte gute Meinung bei seinem Tun ist unerläßlich, wenn man nicht Tag für Tag das Opfer zahlloser kleiner Selbsttäuschungen werden will. Man muß auf der Hut sein vor den unbewußten, kaum geahnten Beweggründen seines Handelns, zumal vor der verdeckten Ichsucht, vor der Ludwig Grignion an dieser Stelle eindringlich warnt; die heiligsten Werke werden dadurch in ihrem Werte herabgesetzt. Besonders genau sind jene Handlungen zu prüfen, die den eigenen Neigungen und Wünschen entsprechen. Die lautere, gute Meinung ist am besten bei jenen Verrichtungen gewährleistet, bei denen Eigensinn und Eigenwille soweit wie möglich ausgeschaltet sind, wie z. B. beim Handeln im Gehorsam, bei opfervoller Berufspflichtenerfüllung, bei ruhiger Hinnahme von Widerwärtigkeiten, beim Handeln nach den Regelvorschriften. Die Mutter Gottes wird die Seele bei diesem mühsamen Ringen nach Reinheit der Meinung wirksam unterstützen. Der übernatürliche Wert der menschlichen Werke wird von der Lauterkeit der Meinung und dem Grade der Gottesliebe bestimmt, womit sie verrichtet werden.

*III. Teil*

## 2. Hauptstück: Wichtige Winke und Weisungen

*Gehe nicht geradewegs zum Heiland.*

50. Glaube ja nicht, auserkorene Seele, daß es vollkommener ist, bei Deinem Tun und Deiner guten Meinung geradewegs zum Heiland, zu Gott überhaupt zu gehen. Wenn Du es ohne Maria versuchst, wird Dein Tun und Deine gute Meinung geringen Wert haben. Tust Du es aber durch Maria, so wird sie es sein, die in Dir tätig ist und infolgedessen wird Dein Tun sehr wertvoll und Gottes wirklich würdig sein.

„... bei Deinem Tun und Deiner guten Meinung". Wir haben hier eine erneute Mahnung, immer in Vereinigung mit Maria zu beten, mit ihr zu arbeiten, ihre Meinungen an Stelle der unsrigen zu setzen: mit einem Worte, nichts allein und nichts für uns zu tun. Manche verspüren eine gefühls- oder verstandesmäßige Abneigung gegen eine solche Seelenhaltung und erachten sie als Hemmung in ihrem Verkehr mit dem Heiland oder zum mindesten als Belastung. Was wäre dazu zu sagen?

*Erstens:* diese Einstellung entspringt in vielen Fällen rein psychologischen Schwierigkeiten. Die Denk- und Vergegenwärtigungsvorgänge erfahren nämlich insofern eine Erweiterung und Belastung, als man beim Leben in und mit Maria nicht nur an Christus, sondern an Christus und Maria denken soll; es ist also eine erhöhte, dinglich erweiterte Aufmerksamkeit nötig. Dieser psychologischen Anfangsschwierigkeit, mit der Denkgehemmte und Denkträge mehr als andere zu rechnen haben, wird man bei gutem Willen bald Herr. Übung macht den Meister, und die Gnade tut das ihrige. Von einiger Bedeutung ist es in dieser Hinsicht, daß man glückliche Gebetsformulierungen wählt. Hier einige Beispiele. Anbetung: „O Jesus, eins mit Deiner heiligen Mutter bete ich Dich an." Liebe: „O Jesus, vereint mit dem liebenden Herzen Deiner heiligen Mutter liebe ich Dich aus ganzem Herzen, aus ganzer Seele und aus allen meinen Kräften ..." Arbeit: „O Jesus, ganz eins mit Deiner heiligen Mutter will ich Dir zu Ehren diese Arbeit verrichten; ich vereinige mich mit Euren Meinungen ..." Meinungen: „O Jesus und Maria, meine Meinungen sollen die Eurigen sein; ich vereinige mich mit ihnen aus ganzem Herzen ..." Erfahrung, Übung und Gnadenhilfe lehren auch hier die rechte Art zu beten.

*Zweitens:* es wäre sehr ermüdend, müßte oder wollte man bei *jeder* einzelnen Handlung, bei *jedem* Gebete ausdrücklich, actualiter, an Maria denken. Es genügt, wenn man am Morgen und beim Beginn wichtiger Handlungen die Verbindung mit Maria durch die gute Meinung herstellt und dann von Zeit zu Zeit erneuert. Was zwischen diesen Anmutungen liegt, ist dann von der allgemeinen Meinung getragen, *alles* mit und durch Maria tun zu wollen. Alles Gewaltsame und Belastende muß vermieden werden. Das gute Kind verkehrt mit großer Schlichtheit und ungekünstelter Natürlichkeit mit seiner Mutter und weiß sich eins mit ihr, auch wenn es nicht ausdrücklich an sie denkt.

*Drittens:* der erleuchtete Leser weiß, daß die letzte, tiefe Vereinigung mit Christus nicht durch das *Denken* an ihn, sondern durch die heiligmachende Gnade hergestellt wird.

Mit dem Sakramentenempfang, jeder Tugendübung, jedem guten Werke, jeder Anmutung nimmt die heiligmachende Gnade und somit die Tiefenverbindung mit Christus zu.

Das alles setzt aber ungezählte Beistandgnaden voraus, und diese fließen umso reichlicher und sind umso wirksamer, je ausdrücklicher und bleibender der Anschluß an Maria, die Mittlerin aller Gnaden, gepflegt wird.

## III. Teil

*Ringe nicht um gefühlsmäßiges Innewerden im geistlichen Leben.*

51. Fernerhin, hüte Dich vor gewaltsamen Anstrengungen, um gefühlsmäßig inne zu werden und zu verkosten, was Du sprichst und tust. Sprich und tue alles in dem Geiste reinen Glaubens, den Maria zu Lebzeiten gehabt hat und den sie Dir nach und nach vermitteln wird. Gönne, armes kleines Wesen, Deiner hohen himmlischen Herrin die klare Schau Gottes mit ihren Verzückungen, den seligen Freuden, den rauschenden Wonnen und dem flutenden Reichtum. Was Dich betrifft, so gib Dich zufrieden mit dem bloßen Glauben, wo Unbehagen, Zerstreuung des Geistes, Anwandlungen von Langeweile und Trockenheit dein Anteil sind. Sprich ein herzhaftes Ja, so sei es, zu allem, was deine Herrin im Himmel verfügt. Ein besseres Verhalten gibt es hienieden nicht.

Ludwig Grignion hat recht, wenn er zum wiederholten Male vor dem Haschen nach gefühlsmäßigen Erlebnissen warnt und das Handeln im reinen, bloßen Glauben betont. Dieser ist der Zugang zum übernatürlichen Verstehen und Tun und steht als Teilnahme an der ungeschaffenen Weisheit weit über den Sinnen, dem Gefühl, dem gemütsmäßigen Erleben und dem rein natürlichen Wissen. Diese gehören alle den unteren oder mittleren Schichten des Seelenlebens an und reichen nicht in jenes Höhengebiet, wo Seele und Gott einander begegnen. Da der Glaube dem Sinne nicht entspringt und an und für sich nicht vom Gefühl getragen wird, so steht er von Haus aus im Zeichen der Trockenheit. Wenn Trost und

*Die Gestaltung unseres Lebens*

ähnliche gefühlsmäßige Erscheinungen ihn begleiten, ist seine Betätigung erleichtert, aber sie gehören keineswegs zu seinem Wesen. Der Glaube täuscht nie, wohl aber das Gefühl. Es ist ein ebenso verhängnisvoller wie weitverbreiteter Irrtum, den Wert seines Gebets- und gesamten Innenlebens nach dem Gefühl und dem gemütsmäßigen Erleben bemessen zu wollen. Das Handeln im reinen, gefühlsfernen Glauben ist mühsam und beschwerlich, aber es ist vollkommener, gefahrloser, verdienstvoller als die gefühlsbetonte Betätigung und führt schneller als diese zur wahren Vereinigung mit Gott. Der Glaube steht über der Beschauung und wird nur von der jenseitigen Gottesschau übertroffen. Die gutgewillte Seele hat demnach keinerlei Grund, mutlos zu werden, wenn nach den Worten Ludwig Grignions „Unbehagen, Zerstreuung des Geistes, Anwandlungen von Langeweile und Trockenheit ihr Anteil sind."

Sie ist auf gutem Wege, solange sie im reinen Glauben handelt und nichts anderes als die Erfüllung des göttlichen Willens anstrebt.

*Hab Geduld, wenn Du die Nähe*
*Mariens nicht gleich inne wirst.*

52. Endlich, mache Dir auch keine unnützen Sorgen darüber, wenn Du die liebe Nähe Mariens in Deinem Inneren nicht in der gewünschten Bälde verspürst. Diese Gnade wird *nicht allen* zuteil, und wenn der liebe Gott aus erbarmender Huld jemand damit beschenkt, so geht diese Gnade leicht wieder verloren, wenn man die Sammlung nicht pflegt. Sollte Dir dieses Mißgeschick zustoßen, so kehre geruhsam zu Deiner Herrin zurück und leiste ihr Abbitte.

Das Innewerden der Gegenwart Mariens ist eine mystische Gnade, deren sich der heilige Ludwig selber an seinem Lebensabend erfreute. Sie wird auch bei dem Jesuiten Ludwig Lallemant, Mutter Margareta Mostyn und Maria a Santa Teresia ausdrücklich erwähnt. M. Olier, von dessen marianischem Gedankengut Ludwig Grignion zehrt, schreibt einmal: „Am 17. Februar hat mir die Mutter Gottes die Huld erwiesen, zu mir zu kommen ... Sie wohnte zutiefst in meiner Seele."

In einer Reihe von Lebensbeschreibungen heiligmäßiger Seelen aus neuester Zeit werden ähnliche Gegenwartserlebnisse berichtet, z. B. bei Schwester Bonaventura Fink, Consummata (Antoinette de Geuser), der hl. Gemma Galgani, der Spanierin M. Angeles Sorazu, Mater M. Salesia Schulten. In derartigen Fällen handelt es sich nicht um ein leibhaftiges Verweilen Mariens in oder bei dem Menschen, noch viel weniger um eigentliche Erscheinungen, sondern um ein gnadenvolles, höheres Innewerden ihrer Wirkungen in der Seele.

## 3. Hauptstück: Segensreiche Früchte dieser Andacht

*Die Erfahrung lehrt erst ganz den hohen Wert dieser Andacht.*

**53.** Die *Erfahrung* wird Dich unvergleichlich mehr lehren als meine unzulänglichen Worte. Wenn Du diese wenigen Anweisungen treu befolgst, wirst Du eine solche Fülle von Segnungen und Gnaden aus dieser Übung schöpfen, daß Du darüber erstaunt bist und Deine Seele von Freude überfließt.

Nachdem Ludwig Grignion die wichtigsten Beweise, die die Gottes- und Seelengelehrsamkeit liefern, zugunsten seiner Anschauungen ausgespielt hat, führt er hier und in Nr. 57 einen letzten Grund ins Feld: Er beruft sich auf die *Erfahrung* und gelebte Wirklichkeit. Nun haben die vom Geiste Mariens Ergriffenen, die Beichtväter und Seelenführer das Wort. Was lehrt die Erfahrung? Wie wirkt sich die vollkommene Marienverehrung in den Seelen aus? Wer Einblick in die Verborgenheit des Innenlebens hat, wird bezeugen, daß auf allen Stufen des geistlichen Lebens die mit Beharrlichkeit gepflegte Verbindung mit Maria wie ein befruchtender Tau in die Seelen fällt und ein frühlinghaftes Aufblühen der Tugenden mit sich bringt. Schwester Bonaventura Fink († 1922) antwortete einmal in ihrer launigen Art einer neugierigen Fragestellerin, der ihre große Umwandlung aufgefallen war: „Maria hat mich kultiviert" (Ein Leben des Lichtes, III, 5). Eine bezeichnende Antwort! Eine ganz ähnliche Wendung finden wir im Leben der Spanierin Angeles Sorazu († 1921 in Valladolid): „Ich bekenne es heute laut vor aller Welt — und später einmal in der glückseligen Ewigkeit — daß ich alles dem Beistande der allerseligsten Jungfrau zu verdanken habe: alle Güter kamen mir mit ihr (Weish. 7, 11). Bevor ich mich durch die Weihe der Mutter Gottes hingab, strebte ich wohl nach der Vollkommenheit, beachtete von ungefähr die Ordensregel und übte auch die Tugenden, aber ich fühlte mich doch fern von Gott, ich war voll Untugenden und glich dem wilden Holzblock, der noch vom Künstler bearbeitet werden muß. Nach meiner Weihe jedoch setzte in meiner Seele das marienhafte Leben ein und entfaltete sich mit erstaunlicher Geschwindigkeit. Ich preise Gott, daß er mein Beten erhört und mir die wahre Andacht zu Maria gegeben hat" (Vida, p. 45—50, Valladolid 1929).

*Maria soll sich in uns betätigen können.*

54. Geben wir uns alle Mühe, teure Seele, und handeln wir so, daß vermöge der treu geübten Hingabe Mariens Geist in uns sei, um in Gott ihrem

Heile zu frohlocken. Diese Gedanken spricht der hl. Ambrosius aus: sit in singulis anima Mariae, ut magnificet dominum, sit in singulis spiritus Mariae, ut exultet in Deo (Expos. in Luc., lib. II, n. 26). Wahrlich, es ist keine größere Ehre und kein größeres Glück, im Schoße Abrahams, genannt das Paradies, zu weilen als im Schoße Mariens, hat doch der Allerhöchste hier seinen Thron aufgeschlagen. Das besagen die Worte des Abtes Guerrikus: ne credideris maioris esse felicitatis habitare in sinu Abrahae, qui vocabatur Paradisus, quam in sinu Mariae, in quo Dominus posuit thronum suum (Sermo 1. in Assumptione, n. 4).

*Mariens Leben fließt gewissermaßen in das unsrige ein.*

55. Ohne Maß und Zahl sind die segensreichen Wirkungen, die sich aus dieser Andacht ergeben, wenn sie treu geübt wird. Die wichtigste jedoch ist die — es ist ein wahres Gnadengeschenk, das die Seelen besitzen —, daß *das Leben Mariens von der Seele Besitz ergreift,* so daß nicht mehr die Seele lebt, sondern Maria in ihr; die Seele Mariens wird sozusagen ihre eigene Seele. Ja, Wunder über Wunder wirkt Maria, wo sie kraft einer unsäglichen, aber wirklichen Gnade Königin in einer Seele werden durfte. Als die Werkmeisterin der großen Wundertaten, zumal in Dingen des Innenlebens, ist sie dort im stillen tätig. Die Seele merkt es oft kaum, und es ist gut so, denn ihr Wissen darum könnte das Gelingen des Werkes gefährden.

## Die Gestaltung unseres Lebens

„... so daß nicht mehr die Seele lebt, sondern Maria in ihr." In diesem Zustande bemächtigt sich Maria gewissermachen der Fähigkeiten der Seele und bringt sie zum Schwingen. Sie entlockt ihnen himmlische Harmonien wie der Spielmann den Saiten seiner Harfe. So eng man sich aber die Verbindung zwischen einem Spielmann und seinem Instrument auch denken mag, so sind beide nicht schlechthin eins, sondern bleiben letzten Endes verschieden voneinander. Von solcher Art ist das Verhältnis zwischen Maria und der Seele. Maria bemächtigt sich der Seele, indem sie diese erleuchtet, erhebt, stärkt und belebt kraft der Beistandsgnaden, die sie ihr in besonders reichem Maße vermittelt, aber das Leben Mariens und das Leben der Seele bleiben im Grunde verschieden voneinander. Es ist ein Einklang, aber kein Einssein. Es darf also nicht zu wörtlich aufgefaßt werden, wenn wir hören, daß das Leben Mariens das Leben der Seele wird. Wir müssen demnach die Heiligen recht verstehen, wenn sie, hingerissen von den wonnevollen Schauern ihrer Lebens- und Liebesgemeinschaft mit Maria etwa wie ein hl. Gabriel Possenti ausrufen: „Du bist das Herz meines Herzens, die Seele meiner Seele, mein Himmel auf Erden." Selbst die Kirche, die im allgemeinen sehr zurückhaltend und gemessen im Ausdruck ihrer Gefühle ist, läßt uns einmal in einem sehr alten Mariengebete, im Salve Regina, beten: „Du unser *Leben,* unsere Süßigkeit, unsere Hoffnung, sei gegrüßt."

*Als fruchtbare Gottesmutter bringt Maria in uns Christus hervor.*

56. Da sie allerorten die fruchtbare Jungfrau ist, trägt sie in jedes von ihr beherrschte Innenleben die Reinheit des Leibes und der Seele, die Lauterkeit ihrer Gesinnung und Absichten, die Fruchtbarkeit der guten Werke hinein. Glaube nicht, teures Menschenkind, daß Maria, die als

fruchtbarstes aller Geschöpfe sogar einem Gottmenschen das Leben geschenkt hat, untätig in einer ihr treu ergebenen Seele verbleibt. Oh nein! Sie trägt Sorge, daß Christus deren ganzes Leben ausfüllt und in ihr lebt. Filioli mei, quos iterum parturio, donec formetur Christus in vobis, meine lieben Kinder, ich schenke euch von neuem das Leben und bilde Christus in euch (Gal. IV, 19). Wenn Jesus Christus die Frucht Mariens nicht weniger in jeder Einzelseele als in der Gesamtheit der Menschen ist, so ist er erst recht Edelfrucht und Meisterwerk Mariens in jener Seele, in der sie ihre Wohnung aufschlagen durfte.

„Maria ist mit der Geburt ihres Sohnes nicht am Ende ihrer Fruchtbarkeit; sie erlangte gerade dadurch die Fähigkeit, jeden Christen, der ein Glied Christi ist, zu gebären. Die leibliche Mutterschaft verleiht ihr *eine unbegrenzte geistige Mutterschaft*" (Adrienne von Speyr, Magd des Herrn, 2. Aufl., S. 176).

*Weitere Wirkungen Mariens in der Seele.*

57. Um zum Schlusse zu kommen: Maria wird dieser Seele alles in ihrem Verhältnis zum Heiland: sie erleuchtet den Geist durch ihren reinen Glauben, sie verleiht dem Herzen Tiefgang durch ihre Demut, sie macht es weit und warm durch ihre Liebe, sie läutert es durch ihre Reinheit, sie adelt und erhebt es durch ihre mütterliche Betreuung. Aber wozu die vielen Worte? Die Erfahrung allein ist imstande, über diese Wunderwerke Mariens Kunde zu geben; Wunderwerke,

die den Weltweisen und Stolzen, ja sogar der Großzahl der gewöhnlichen Frommen beiderlei Geschlechtes, geradezu unglaublich erscheinen.

„Maria... wird alles in ihrem Verhältnis zum Heilande..." In diesem Sinne schreibt der hl. Antonius Claret (Autob. I, 1.): „Ich legte mir den Namen Maria bei, denn die allerseligste Jungfrau ist meine Mutter, meine Pflegerin, meine Lehrmeisterin, meine Führerin, mein Alles nach Jesus..." In einem Weihegebet schreibt er, anspielend auf ein Wort des hl. Paulus (Phil 4,13): „*Alles vermag ich in der, die mich stärkt.*"

*Rolle Mariens bei der zweiten Ankunft Jesu Christi.*

58. Das erste Mal, als der Gottmensch im Zustande der Zurücksetzung und der Unscheinbarkeit in der Welt erschienen ist, kam er durch Maria. Ist man nicht berechtigt anzunehmen, daß er das zweite Mal auch durch Maria kommen wird, und zwar nach den Erwartungen der Kirche, um diesmal überall zu herrschen und zu richten die Lebendigen und die Toten? Wie und wann wird dies geschehen? Kein Mensch auf Erden weiß es, aber soviel ist sicher, daß Gott, dessen Gedanken soweit über die unsrigen hinausragen wie der Himmel über die Erde, zu einer Zeit und auf eine Weise erscheinen wird, wie es die Menschen am wenigsten erwarten. Nicht einmal die Weisesten und Beschlagensten unter den Schriftgelehrten können uns darüber Auskunft geben, denn die Hl. Schrift ist in diesem Punkte sehr dunkel.

*III. Teil*

> *Die großen Männer der letzten Zeiten werden durch Maria Großes wirken.*

59. Nicht ohne Grund nimmt man an, daß Gott gegen das Ende der Zeiten — vielleicht eher als man gemeinhin glaubt — große Männer erwecken wird, Männer voll des Hl. Geistes und des Geistes Mariä. Durch sie wird die himmlische Herrin Wunderbares in der Welt wirken, um die Herrschaft der Sünde zu brechen und das Reich Jesu Christi, ihres Sohnes, auf den Trümmern der verkommenen Welt aufzurichten. Und diese Andacht, die ich hier in großen Umrissen gezeichnet und durch meine ungeschickte Darstellung in den Augen der Leser vielleicht verzeichnet habe, wird das große Mittel sein, wodurch diese heiligen Männer ihre Sendung erfüllen.

### 4. Hauptstück: Äußere Übungen der Ganzhingabe

60. Außer den inneren Übungen der Andacht, von denen bisher die Rede war, gibt es noch äußere, die man weder unterlassen noch vernachlässigen soll.

> *Der Tag der großen Weihe.*

61. *Erstens,* an einem denkwürdigen Tage schenkt man sich dem Heiland durch die Hände Mariens und stellt sich in deren Dienst. Zu diesem Zweck geht man bei diesem Anlaß zum Tisch des Herrn und verbringt den Tag im Gebete.

Diese Hingabe soll alle Jahre wenigstens einmal und zwar am gleichen Tage erneuert werden.

Vergleiche dazu die Ausführungen und Hinweise im Anhang dieses Büchleins (I. Hauptstück).

*Feier des Gedenktages der Weihe.*

62. *Zweitens,* alle Jahre, wieder am gleichen Tage, bringe man der allerseligsten Jungfrau eine kleine Huldigungsgabe dar, die der greifbare Ausdruck unserer Ergebenheit und Abhängigkeit sein soll. So ist es von jeher zwischen Hörigen und ihren Herren Brauch gewesen. Diese Gabe kann in einer Abtötung, einem Almosen, einer Wallfahrt oder einigen Gebeten bestehen. Der selige Marinus hat sich nach dem Berichte seines Bruders, des hl. Petrus Damianus, alle Jahre an diesem Tage öffentlich vor dem Altare der Gebenedeiten gegeißelt. Ein solcher Feuereifer wird niemandem zugemutet, noch ist er allgemein anzuraten. Wenn wir jedoch Maria nur Geringes anzubieten haben, so soll unsere Gabe ihr wenigstens mit demütigem Sinn und dankerfülltem Herzen dargebracht werden.

*Feier des Festes Mariä Verkündigung.*

63. *Drittens,* alle Jahre begehe man mit besonderem Eifer das Fest Mariä Verkündigung. Es ist das Hauptfest dieser Andacht, das ja die Feier und Nachahmung jenes Abhängigkeitsverhältnisses bezweckt, das das Ewige Wort uns zuliebe an diesem Tag auf sich genommen hat.

## III. Teil

*Das Beten der kleinen Krone der allerseligsten Jungfrau und das Magnifikat.*

64. Man bete Tag für Tag — eine Verpflichtung unter Sünde besteht jedoch nicht — die kleine Krone der allerseligsten Jungfrau, die aus 3 Vater unser und 12 Ave Maria besteht. Fernerhin den einzigen uns erhalten gebliebenen Lobgesang Mariens, das Magnifikat, um damit Gott für alle empfangenen Wohltaten zu danken und neue Gnaden zu erflehen. Auf keinen Fall sollte man es als Dankgebet nach dem Empfang der heiligen Kommunion unterlassen. Nach dem Zeugnis des weisen Gerson pflegte es auch Maria bei dieser Gelegenheit zu beten.

Die von Ludwig Grignion angeführten äußeren Übungen ließen sich um ein Beträchtliches vermehren. Es seien noch einige erwähnt:

1. Bitte Maria zuweilen um ihren mütterlichen *Segen*. Die hl. Gemma Galgani tat es jeden Abend; die selige Angela von Foligno bei Beginn jedes Werkes; der hl. Leonhard von Porto Mauritio immer beim Betreten und Verlassen seiner Zelle, wobei er die Worte sprach: „Maria mit dem Kinde lieb, uns allen Deinen Segen gib" (Teilablaß).

2. Das schönste *Mariengebet* wird immer das Ave Maria sein. Mit seiner Entstehung sind die großen Gnadengeheimnisse Mariä eng verknüpft. Der *Rosenkranz* ist von jeher ein Lieblingsgebet der Marienverehrer gewesen. Bete ihn betrachtend in Stunden des Alleinseins, auf stillen Wegen, in der Krankheit, in alten Tagen. Greife zu ihm, wenn Du Seelen für Gott gewinnen, Kirche und

*Die Gestaltung unseres Lebens*

Vaterland zu Hilfe kommen, Licht, Stärke und Trost in inneren und äußeren Schwierigkeiten finden willst.

3. Wichtige Entscheidungen und große Anliegen (Berufswahl, Standeswahl, Unglücksfälle, Familiensorgen und dgl.) stelle der Mutter Gottes anheim. Mache neuntägige Andachten, besuche ihre Wallfahrtsorte und Gnadenbilder, nimm ihr zu Ehren an der Eucharistiefeier teil, lasse hl. Messen feiern.

4. Trage ständig den heiligen Rosenkranz, ein Skapulier oder eine geweihte Marienmedaille bei Dir. Eigens sei die sog. wundertätige Medaille der Unbefleckten Empfängnis erwähnt, die die Kirche besonders empfiehlt. Sie stellt die Unbefleckte Empfängnis mit ausgestreckten Armen und lichtstrahlenden Händen dar und trägt die Inschrift: „O Maria, ohne Sünde empfangen, bitte für uns, die wir unsere Zuflucht zu Dir nehmen." Die Mutter Gottes sprach (27. Nov. 1830) zu der nun heiliggesprochenen Katharina Labouré: „Alle, die diese Medaille tragen, werden große Gnaden erhalten. Nach dem Maße ihres Vertrauens werden sie überreichlich sein."

5. Der *Samstag* ist der Mutter Gottes geweiht. Ihr zu Ehren lege Dir an diesem Tage einen kleinen Verzicht auf, übe irgendeine Tugend, gib ein Almosen oder tue sonst ein gutes Werk. Übe desgleichen an den Vorabenden von Marienfesten, wie es viele Heilige zu tun pflegten. — Habe zu Hause ein schönes Marienbild, das Dich zum Beten und Vertrauen anregt.

6. Ruf zuweilen auch den hl. *Joseph* an. Er hatte zu Lebzeiten von allen Menschen das engste Verhältnis zu Maria, steht ihr auch im Himmel am nächsten und ist deshalb der mächtigste Fürsprecher bei ihr.

7. Die Mutter Gottes hat der hl. Mechthild das tröstliche Versprechen gegeben, daß sie ihr in der Stunde des Todes beistehen werde, wenn sie täglich drei Gegrüßet seist Du Maria bete. Mache es Dir zur Gewohnheit,

abends nicht zur Ruhe zu gehen, ohne diese drei Ave Maria zu beten. Du erflehst Dir auf diese Weise eine der wichtigsten und notwendigsten Gnaden, nämlich die Beharrlichkeit bis ans Ende und die Gnade eines guten Todes.

Nach dem Vorbilde vieler Ausgaben sind n. 65—69 hier ausgelassen. Die Andachtskettchen, von denen dort die Rede ist, sind heute nicht mehr im Gebrauch.

Wie die kleine Krone der allerseligsten Jungfrau gebetet werden kann, zeigt der Anhang des Büchleins.


## *DIE GROSSE EUCHARISTISCH-MARIANISCHE AUFOPFERUNG*

Himmlischer Vater, durch das Unbefleckte Herz Mariens opfere ich Dir Jesus, Deinen vielgeliebten Sohn, auf, wie er sich jetzt auf den Altären als Opfer darbringt,

> und mich selber,
> mein heutiges Tagewerk,
> mein ganzes Lebenswerk
> und meinen Heimgang zu Dir

in Ihm, mit Ihm und durch Ihn nach allen Seinen und meinen Meinungen und im Namen aller Geschöpfe.

(Nach Pius XI., 10. Juni 1923.)

## IV. TEIL

## PFLEGE UND WACHSTUM DES BAUMES DES LEBENS

### Winke und Weisungen, um Maria in der Seele wirken zu lassen

70. Auserkorene Seele, hast Du mit Hilfe des Hl. Geistes meine bisherigen Darlegungen erfaßt? Nun, danke Gott dafür, denn es handelt sich um ein Geheimnis, das fast niemand kennt. Wenn Du den verborgenen Schatz auf dem Acker Mariens, die kostbare Perle des Evangeliums gefunden hast, so gib alles her, um sie Dir anzueignen (Mt 13,14). Gib Dich selber auf und überlasse Dich den Händen Mariens, verliere Dich in seligem Hingegebensein an sie. Gott und nur Gott wirst Du bei ihr finden.

Hat der Hl. Geist den wahren Lebensbaum, d. h. die eben erklärte Andacht, in das Erdreich Deiner Seele gesenkt, so hege und pflege ihn mit aller Sorgfalt, auf daß er zu seiner Zeit Früchte trage. Diese Andacht gleicht dem Senfkörnlein, von dem in der Hl. Schrift die Rede ist. Es scheint wohl das winzigste aller Samenkörnlein zu sein, aber es wächst und gedeiht und wird so groß, daß die Vögel des Himmels — die Vorherbestimmten sind damit gemeint — darin nisten, bei brennender Sonnenhitze sich dort schatten und vor den wilden Tieren dorthin flüchten (vgl. Mt 13, 31—32).

Vernimm nun, auserkorene Seele, wie dieser Baum des Lebens zu pflegen ist:

*Irdische Stützen darf dieser Baum nicht haben.*

71. Erstens, wenn dieser Baum in ein treuergebenes Herz gepflanzt worden ist, so soll er frei stehen bleiben und keine menschlichen Stützen bekommen. Da er eine Pflanzung aus Gottes Hand ist, so muß er für alle Zeiten vom Geschöpflichen frei bleiben, denn es könnte ihn hindern, Gott, seinem Ursprung, entgegenzuwachsen. Man setze also auf keinen Fall sein Vertrauen auf sein Geschick und natürliches Können, noch auf das Ansehen und die Meinungen der Menschen. Man halte sich an die Mutter Gottes und verlasse sich ganz auf ihren Beistand.

*Er muß wohlbehütet werden.*

72. Zweitens, die Seele, die damit begnadet ist, muß als guter Gärtner in einem fort damit beschäftigt sein, ihn zu behüten, und darf ihn nicht aus dem Auge verlieren. Da dieser Baum Leben in sich birgt und Früchte des Lebens tragen soll, so muß sein Wachstum gepflegt und durch den ständigen, beschaulichen Blick der Seele auf ihn gefördert werden. Wer ernstlich nach der Vollkommenheit strebt, wird sich in seinen Gedanken

ständig mit ihm beschäftigen, ja geradezu sein Hauptanliegen daraus machen.

*Verzicht und Selbstverleugnung fördern ihn am meisten.*

73. Drittens, die Dornen und Disteln müssen abgeschnitten und ausgerissen werden, denn nach und nach könnten sie den Baum ersticken oder wenigstens hindern, Früchte zu tragen. Das will heißen, daß man durch Abtötung und gewaltsame Einschränkung alle unnützen Belustigungen und jede zwecklose Beschäftigung mit den Geschöpfen aufgeben muß. Oder anders gesagt, es gilt sein Fleisch zu kreuzigen, die Schweigsamkeit zu üben und seine Sinne abzutöten.

*Gefährliche Feinde sind die Eigenliebe und der Hang der Bequemlichkeit.*

74. Viertens, man muß ein wachsames Auge haben, damit ihm die Raupen nicht schaden. Raupen sind die Eigenliebe und der Hang zur Bequemlichkeit. Sie zernagen die sprossenden Blätter und machen die schönsten Hoffnungen zunichte. Eigenliebe und Marienliebe vertragen sich nie und nimmer miteinander.

*Das Schlimmste für den Lebensbaum ist die Sünde.*

75. Fünftens, man darf keine wilden Tiere in der Nähe des Baumes dulden. Solche Tiere sind die (schweren) Sünden, die durch bloße Berüh-

rung ihm den Tod bringen könnten. Nicht einmal ihr Hauch, d. h. nicht einmal die läßlichen Sünden sollen ihn streifen, denn wenn sie leichtsinnig begangen werden, bedeuten sie eine große Gefahr für ihn.

Es gilt für die vollkommene Marienverehrung, was P. Lallemant, der große Lehrer des innerlichen Lebens, von dem Streben nach Vollkommenheit überhaupt sagt: „Das große Verhängnis (la ruine!) für die Seelen, die nach der Vollkommenheit streben, sind die vielen läßlichen Verfehlungen. Sie sind schuld daran, daß die Erleuchtungen und inneren Eingebungen, die geistlichen Tröstungen und sonstigen Gnadenhilfen immer seltener werden und die Kräfte der Seele mehr und mehr nachlassen..." (Doctr. spir. V, III, art. 1).

*Der Baum muß oft begossen werden, wenn er Früchte tragen soll.*

76. *Sechstens*, dieser göttliche Baum muß fleißig begossen werden. Die heilige Kommunion, die heilige Messe und andere öffentliche und persönliche Andachten müssen zu diesem Zweck eifrig gepflegt werden. Andernfalls wird der Baum bald keine Früchte mehr tragen.

*Laß Dich durch keine Schwierigkeiten an der Ganzhingabe irremachen.*

77. *Siebtens*, verliere das Gleichgewicht nicht, wenn dieser Baum vom Winde gewaltsam geschüttelt wird. Der Sturm der Anfechtungen muß über ihn kommen und ihn auszureißen suchen;

Eis und Schnee müssen auf ihn fallen, um ihn womöglich zu vernichten. Das will heißen: es kann nicht ausbleiben, daß diese Andachtsform zur Mutter Gottes viel Anfeindung und Widerspruch erfährt. Wenn sie dessenungeachtet beharrlich weitergeübt wird, wird alles ein gutes Ende nehmen.

Am Ende seines Büchleins flüstert Ludwig Grignion der Seele, die sich ihm anvertraut hat, noch ein Wort der Ermunterung zu. Der gute Meister ist besorgt, sie möchte den Mut verlieren und irre werden, wenn sie in ihrer marianischen Einstellung angefeindet wird oder kein Verständnis findet. „Es wird alles ein gutes Ende nehmen", tröstet und ermuntert er.

*Die Frucht dieses Lebensbaumes ist keine andere als Jesus Christus.*

78. Auserkorene Seele, wenn Du auf die besagte Weise den Lebensbaum pflegst, den der Hl. Geist in Dein Erdreich gesenkt hat, so darfst Du versichert sein, daß er bald so hoch wachsen wird, daß die Vögel des Himmels darin wohnen werden. Er wird so gedeihen, daß er schließlich die Frucht der Ehre und Gnade zu seiner Zeit hervorbringen wird, nämlich Jesus Christus, Ihn, der aller Liebe und Anbetung würdig ist. Dieser ist noch immer die Frucht Mariens gewesen und wird es auch immer sein.

Glücklich die Seele, in der Maria, der Baum des Lebens gepflanzt worden ist. Noch glücklicher jene, in der Maria wachsen und Blüten treiben darf. Am glücklichsten jene, in der Maria Früchte trägt. Aber am allerglücklichsten jene, die ihre Früchte verkostet und bewahrt bis zum seligen Ende und dann von Ewigkeit zu Ewigkeit. Amen.

Qui tenet, teneat. Bewahre, was Du hast.
*Gott allein*

Der Ausklang des Büchleins ist eine Seligpreisung des Menschen, der Stufe für Stufe der vollkommenen Marienverehrung erklimmt und so immer herrlichere und kostbarere Früchte erntet. Geheimnisvoll klingen die Worte: Qui tenet, teneat, bewahre, was Du hast! Sie entstammen der Geheimen Offenbarung (freie Wiedergabe von 2,25) und sind eine letzte Mahnung des Schreibers, die durch die Offenbarung des Geheimnisses Mariens erhaltene Gnade nicht zu verscherzen, sondern durch treues Mitwirken und beharrliches Streben deren Bewahrung und Entfaltung sich zu sichern. Die Schlußworte: *Gott allein*, sind nicht als Antwort auf den eben erwähnten Schriftspruch aufzufassen, sondern als Losung: Gott allein möge in allem gesucht und verherrlicht werden! —

Noch einige *Schlußbemerkungen*: Die mit Hochherzigkeit vollzogene Hingabe und das Leben der Abhängigkeit von Maria pflegen eine gewisse seelische Gehobenheit zu erzeugen. Die Erfahrung lehrt indessen, daß in vielen Fällen nach einiger Zeit die anfängliche fühlbare Andacht nachläßt, die Eintönigkeit und innere Schwunglosigkeit sich einstellen und alte Schwierigkeiten wieder zum Vorschein kommen. Man hatte soviel vom marianischen Wege für sein Innenleben erwartet und ist nun enttäuscht! Diese angehende Entmutigung ist gefährlich! Man muß wissen, daß sich auch auf diesem Wege ein gewisses Auf und Ab nicht vermeiden läßt. Mißerfolge dürfen nicht entmutigen! Der Teufel würde sich am meisten darüber freuen, wenn man den eingeschlagenen Weg wieder aufgeben würde.

*Pflege und Wachstum des Baumes des Lebens*

Um tote Punkte im marienhaften Leben zu überwinden, ist es ratsam, von Zeit zu Zeit — nicht zu häufig — mit den Übungen der Abhängigkeit (alles *durch* Maria), der Vereinigung (alles *in* Maria) und der Nachahmung (alles *mit* Maria) abzuwechseln. Demut und Vertrauen helfen über alle Schwierigkeiten hinweg. Unbeirrt schaue die Seele nach den marianischen Sternen aus, die sie sicher zum Ziele führen werden!

# ANHANG

## Anhang

Folgende Ausführungen entstammen nicht der Feder des hl. L Gr, sondern sind Erklärungen und Hinweise des Herausgebers.

## I. HAUPTSTÜCK

## DIE WEIHE. DIE VORBEREITUNG. DIE WEIHEFORMEL

Tür und Zugang zum neuen, mariengebundenen Leben im Sinne des hl. L Gr bildet eine wohlvorzubereitende Weihehingabe an Maria. Diese ist unvergleichlich mehr als ein frommes Gebet. Sie soll der Auftakt zu einem neuen Leben sein.

Rechtlich gesehen ist diese Weihehingabe ein Schenkungs- und Dienstvertrag. Ein *Schenkungsvertrag*, weil man dadurch sich und alles, was man sein Eigen nennt, der Seligen Jungfrau übergibt und ihr das volle Verfügungsrecht darüber einräumt; ein *Dienstvertrag*, weil man sich dadurch dem besonderen Dienste Mariens verschreibt. Weder das eine noch das andere verpflichtet unter Sünde. Es ist eine Tat besonderer Hochherzigkeit. Theologisch gesehen gründet sich die Weihehingabe im Sinne des hl. Ludwig Grignion ähnlich wie die von Pius XII. vollzogene Weihe von Kirche und Menschheit an das Unbefleckte Herz Mariens auf die Stellung Mariens im Heilswerke Christi als Königin und Mutter. Die Weihehingabe Ludwig Grignions schließt ein Lebensprogramm in sich. Die Parole lautet von da an: Durch Maria zu Jesus.

Da die Marienweihe nicht ohne Folgen ist und einen tiefen Einschnitt in das religiöse Innenleben bedeutet, legt L Gr eine entsprechende Vorbereitung nahe. Diese soll etwa 33 Tage dauern. Wir bleiben uns dabei bewußt, daß der durch die Weihehingabe angestrebte engere Anschluß an Maria vor allem dies bezweckt: Die engere Verbindung mit Christus und die Umgestaltung in ihn. Maria ist nicht Endziel, sondern immer Weg zu Christus, zu größerer Treue in dessen Nachfolge. Nicht umsonst läßt uns L Gr vor dem Weihevollzug die Taufgelübde erneuern und dann beteuern: „Um Ihm (d. h. Christus) in Zukunft die Treue besser zu halten, erwähle ich Dich heute, o Maria, zu meiner Mutter und Herrin."

Wenngleich der Weihevollzug volle Geltung hätte, wenn ihm keine Vorbereitung vorausgegangen wäre, so erheischt doch die Tragweite des Geschehens eine gewisse Einstimmung. Schw. Bonaventura Fink (gest. 1922), die in einer Wallung marianischen Eifers die Weihe ohne Vorbereitung vollzogen hatte, holte diese nachher sorgfältig nach (Ein Leben des Lichtes, S. 68). Man hält sich bei der Vorbereitung am zweckmäßigsten an die Weisungen L Grs (Abh Nr. 226—33). Die folgenden Ausführungen sind daran orientiert. Die 33tägige Vorbereitung zerfällt in vier Abschnitte, deren erster 12 Tage, die übrigen drei je eine Woche umfassen.

*Anhang*

# ERSTER ABSCHNITT DER VORBEREITUNG
## 12 Tage

*Zweck:* Absage an die „Welt" und ihre falschen Idole.

*Übungen:* 1. Man stellt jeden Tag eine kurze Erwägung über einen der folgenden Punkte an. 2. Man liest etwas aus dem Geheimnis Mariens. 3. Den Abschluß bildet ein Gebet zur Mutter Gottes (Lauretanische Litanei, Rosenkranz oder sonst ein Mariengebet, je nach der Zeit, über die man verfügt).

Der Heiland warnt des öfteren vor der „Welt". Er meint damit nicht die Welt, insofern sie Schöpfung Gottes ist, denn als solche ist sie gut, sondern die durch Schuld und Sünde von Gott abgeirrte Welt mit ihren heidnischen Grundsätzen, ihren Ärgernissen, ihren Verlockungen zur Sünde, ihrer Verherrlichung des Bösen. Im 1. Johannesbrief heißt es: „Liebt nicht die Welt, noch was in der Welt ist: wenn jemand die Welt liebt, so ist die Liebe zum Vater nicht in ihm. Denn alles, was in der Welt ist – Sinnenlust, Augenlust und Hoffart des Lebens –, ist nicht vom Vater, sondern ist von der Welt" (2,15–17). Diese Welt ist identisch mit der Finsternis, in der der „Fürst der Welt" (Joh 12,31) sein Reich hat.

Die Geschöpfe können das menschliche Herz nicht ausfüllen. Daher hat der hl. Augustinus im 1. Kapitel seiner Bekenntnisse geschrieben: „Für Dich, o Gott, hast Du uns erschaffen, und friedlos ist unser Herz, bis es ruht in Dir". — Dazu kommt eine weitere Tatsache: Auch wenn alle Güter der Erde: Reichtum, Macht, Ansehen, Liebe uns zuteil würden, so schlägt doch einmal die Stunde, da uns alles entgleiten wird; sicherlich beim Scheiden von der Welt. Der Psalmist sagt: „Der Mensch, er geht vorüber gleich dem Schatten, einem Hauche gleich sind die Reichtümer, die er speichert" (Ps. 39 (38), 7). Der Heiland selber hat gewarnt: „Was nützt es dem Menschen, wenn er die ganze Welt gewinnt, aber an der Seele Schaden leidet" (Mt 16,26).

## II. ABSCHNITT DER VORBEREITUNG
### 1. Woche

*Ziel:* Selbsterkenntnis, reuige Gesinnung, Demut.

*Übungen:* Ähnlich wie an den vorhergehenden Tagen. Es ist anzuraten, die Stoßgebete während des Tages dem Betrachtungsgedanken anzupassen. Erwäge am

*1. Tag:* Habe ich das biblische Hauptgebot erfüllt: „Du sollst Gott lieben aus ganzem Herzen, aus ganzer Seele und aus allen deinen Kräften" (Mt 22,37)?

*2. Tag:* Wie habe ich das zweite Hauptgebot erfüllt: „Du sollst deinen Nächsten lieben wie dich selbst" (Mt 22,38)?

*3. Tag:* „Wer mir nachfolgt, gebe sich auf, nehme sein Kreuz auf sich und folge mir nach" (Mt

16,24). Habe ich in diesem Sinne mein Leben gestaltet?

*4. Tag:* Bin ich ein lebensstarkes oder nur ein mattes, fast unnützes Glied am geheimnisvollen Leib der Kirche?

*5. Tag:* Habe ich die bei der Taufe mir eingegossenen göttlichen Tugenden und die Gaben des Hl. Geistes durch die Übung entfaltet oder durch ein Leben der Oberflächlichkeit verkümmern lassen?

*6. Tag:* War ich um das ewige Heil meiner Mitmenschen besorgt?

*7. Tag:* Neues Leben blüht aus den Ruinen, wo die Vergangenheit durch die Reue bereinigt wird und der Mutter Gottes durch die Weihe an sie die Tore der Seele geöffnet werden.

III. ABSCHNITT DER VORBEREITUNG
2. Woche

*Zweck:* Die tiefere Erkenntnis Mariens und die Weckung des Vertrauens auf ihre Hilfe.

*Übungen:* Ähnlich wie an den vorhergehenden Tagen. Erwägungen am

*1. Tag:* Als Gottesmutter ist die Selige Jungfrau über alle Geschöpfe weit emporgehoben und in die nächste Nähe des dreifaltigen Gottes gerückt worden. Selig preisen sie alle Geschlechter (Lk 1,48).

*2. Tag:* Die Selige Jungfrau hat auf einzigartige Weise beim Heilswerke Christi mitgewirkt: „Maria gab sich als Magd des Herrn ganz der Person und dem Werke ihres Sohnes hin und diente so dem Geheimnis der Erlösung" (LG Nr. 56).

*3. Tag:* „Wir glauben, daß die heilige Gottesmutter, die neue Eva, die Mutter der Kirche, im Himmel ihr mütterliches Amt fortsetzt zugunsten der Glieder Christi" (Paul VI., am 3. Juli 1968, Glaubensbekenntnis Nr. 15).

*4. Tag:* „Die katholische Kirche, vom Hl. Geist belehrt, verehrt Maria als geliebte Mutter" (LG Nr. 53).

*5. Tag:* Kirchenlehrer und geistliche Schriftsteller nennen Maria „fürbittende Allmacht am Throne Gottes".

*6. Tag:* Es ist ein geflügeltes Wort in der christlichen Frömmigkeit: „Ein Diener Mariens geht nicht verloren".

*7. Tag:* Maria als geistige Mutter wird Führerin und Lehrmeisterin aller, die sich ihr durch die Weihehingabe anvertrauen.

## IV. ABSCHNITT DER VORBEREITUNG
### 3. Woche

*Zweck:* Erkenntnis Jesu Christi und Entschluß Ihm zu folgen.

*Übungen:* Ähnlich wie an den vorhergehenden Tagen. Erwäge am

*1. Tag:* Christus ist der einzige Zugang zum Vater: „Niemand kommt zum Vater als durch Mich" (Jo 14,7).

2. *Tag:* Christus lädt uns zu sich ein: „Wen da dürstet, der komme zu mir und trinke" (Jo 7,37). „Kommet zu mir, die ihr voll Mühsal und beladen seid (Mt 11,28).

3. *Tag:* Christus liebt uns auf einmalige Weise: „Er hat mich geliebt und sich für mich hingegeben" (Gal 2,20).

4. *Tag:* Höhepunkt und bleibender Ausdruck der innigen Liebe Christi zu uns ist das Verbleiben und die Hinopferung in der Eucharistie (Joh 6,48—51).

5. *Tag:* Christus hat versprochen: „Den, der zu mir kommt, werde ich nicht abweisen" (Joh 6,37).

6. *Tag:* Alle Schönheit des Himmels und der Erde ist nur Abglanz und Ausdruck der Schönheit Christi: „All die Schönheit Himmels und der Erde ist gefaßt in Dir allein" (Altes Kirchenlied).

7. *Tag:* „Der gerade und kurze Weg zu Christus ist Maria" (Benedikt XV, 24. Sept. 1914).

Die Vorbereitung auf die Weihehingabe ist beendet. Nach der Auffassung L Grs soll diese Nachahmung und Nachvollzug der Hingabe und der Abhängigkeit sein, die Christus selber seiner hl. Mutter gegenüber eingehen wollte, indem er das leibliche Leben von ihr empfing und ihr Kind wurde. Aus genanntem Grunde soll der Weihevollzug vorzugsweise am Feste Maria Verkündigung (25. März) getätigt werden (Vgl. Nr. 63 des Geh M). Man kann indessen zum Weihevollzug auch einen andern Tag wählen, der den persönlichen Verhältnissen besser entspricht. Heilige haben gerne ihre Gelöbnisse an Wallfahrtsstätten gemacht. Nach Möglichkeit soll die Weihehingabe nach der hl. Kommunion vollzogen werden (Abh Nr. 231); kein geringerer als Christus soll ihr Zeuge sein.

## WEIHEHINGABE AN JESUS, DIE MENSCHGEWORDENE WEISHEIT, DURCH DIE HÄNDE MARIENS

Anrede  Ewige, menschgewordene Weisheit! Jesus, Du bist aller Liebe und Anbetung würdig; Du bist wahrer Gott und wahrer Mensch, der eingeborene Sohn des Ewigen Vaters und der einzige Sohn Mariens, der allzeit reinen Jungfrau.

Anbetung  In tiefer Ehrfurcht bete ich Dich an im Schoße und in der Herrlichkeit Deines Vaters in der Ewigkeit und im jungfräulichen Schoße Mariens, Deiner würdigsten Mutter, zur Zeit Deiner Menschwerdung.

Danksagung  Ich danke Dir, daß Du Dich Deiner entäußert und Knechtsgestalt angenommen hast (Phil 2,7), um mich der grausamen Umklammerung Satans zu entreißen. Ich lobe und preise Dich, daß Du Dich in allem freiwillig Maria, Deiner heiligen Mutter, unterwerfen wolltest, um mich durch sie zu Deinem treuen Diener zu machen.

**Selbstbeschämung** Aber ach, als undankbarer und treuloser Mensch habe ich die Gelübde und Versprechen, die ich bei meiner Taufe feierlich abgelegt habe, nicht gehalten. Ich habe meine Verpflichtungen nicht erfüllt; ich bin nicht wert, Dein Kind oder Dein Diener zu heißen (Lk 15,21). Und da nichts in mir ist, das nicht Deine Ablehnung und Deinen Unwillen verdient, scheue ich mich, allein vor Deiner heiligsten, erhabenen Majestät zu erscheinen.

**Zuflucht zu Maria** Ich nehme daher meine Zuflucht zu Deiner heiligen Mutter, die Du mir zur Mittlerin bei Dir gegeben hast. Durch ihre Fürsprache erwarte ich die Verzeihung meiner Sünden, die Mitteilung und Bewahrung der Weisheit.

**Dreifache Begrüßung Mariens** So grüße ich Dich denn, Maria, Du makellose Jungfrau, Du lebendiges Gezelt der Gottheit, wo die verborgene Ewige Weisheit von den Engeln und Menschen angebetet sein will.

Ich grüße Dich, Du Königin des Himmels und der Erde, deren Herrschaft alles unterworfen ist, was Gott untersteht.

Ich grüße Dich, Du sichere Zuflucht der sündigen Menschen; Du hast noch keinem Deine Barmherzigkeit versagt. Höre auf mein Verlangen nach der Göttlichen Weisheit und nimm deshalb die Gelübde und Gaben an, die ich Armseliger Dir darbringe.

**Erneuerung des Taufgelöbnisses**

Ich ... treuloser, sündiger Mensch, erneuere und bekräftige heute in Deine Hände meine Taufgelübde: ich widersage für immer dem Satan, seiner Pracht und seinen Werken, und weihe mich ganz Jesus Christus, der menschgewordenen Weisheit. Ihm will ich mein Kreuz nachtragen (Mt 16,24) alle Tage meines Lebens.

**Hingabe an Maria**

*Um Ihm in Zukunft die Treue besser zu halten, erwähle ich Dich heute, Maria, in Gegenwart des ganzen himmlischen Hofes zu meiner Mutter und Herrin. Dir übergebe und weihe ich Leib und Seele, meine inneren und äußeren Güter und selbst den Wert meiner früheren, gegenwärtigen und zukünftigen guten Werke. Du sollst das volle und ganze Recht haben, über mich und das Meine nach Deinem Wohlgefallen zur größeren Ehre Gottes in Zeit und Ewigkeit zu verfügen.*

Huldigung

Nimm hin, o gütige Jungfrau, diese geringe Gabe meiner Dienstbarkeit. Ich bringe sie Dir dar in Vereinigung mit der Unterwürfigkeit, mit der die Ewige Weisheit Dich durch die Gottesmutterschaft geehrt hat; als Anerkennung der Macht, die Ihr Beide über mich armseligen, sündigen Menschen habt; zum Dank für die Gnadenvorzüge, womit der dreifaltige Gott Dich ausgezeichnet hat.

Treuegelöbnis

Ich beteuere, daß ich von nun an als Kind und Diener Deine Ehre fördern und in allen Stücken Dir gehorchen will.

Drei innige Bitten

Wunderbare Mutter, stelle mich Deinem lieben Sohn als Kind und Diener vor; Er möge mich aus Deiner Hand entgegennehmen, nach dem Er mich unter Deiner Mitwirkung erkauft hat.

*Anhang*

> Mutter der Barmherzigkeit, erwirke mir die Gnade der wahren Weisheit und nimm mich zu diesem Zweck in die Schar jener auf, die Du wie Deine Kinder und Diener liebst, lehrst, führst, nährst und beschirmst.
>
> Du treue Jungfrau, mache mich in allem zu einem so vollkommenen Jünger, Nachfolger und Diener der menschgewordenen Weisheit, Deines Sohnes Jesus Christus, damit ich durch Deine Fürsprache und nach Deinem Vorbild zu dessen Vollalter (Eph 4,13) hier auf Erden und zur Fülle seiner Herrlichkeit im Himmel gelange. Amen.

Es sei auch erwähnt, daß man sich bei der Weihehingabe an Maria nicht notwendigerweise der von L Gr verfaßten Weiheformel zu bedienen braucht. Man kann der Mutter Gottes in eigenen, selbstgewählten Worten sagen, daß und wie man ihr angehören will. Wesentlich ist aber, daß die Schenkung eine völlige und uneingeschränkte ist. Dies kann Maria so oder so gesagt werden. Das Beispiel einer solchen selbstformulierten, mit eigenem Gedankengut durchsetzten Marienweihe finden wir bei Kardinal Mercier (Le livre d'or, Manuel complet, Ausgabe der belg. Montfortaner, 2. Aufl. S. 396).

*Anhang*

Wenngleich die Hingabe eine gänzliche und vorbehaltlose sein soll, so bleibt es uns unverwehrt, persönliche Wünsche dabei anzubringen. So tat es z. B. Josef Engling (gest. 1918), der seine selbstverfaßte, im Schützengraben vollzogene Marienweihe so beschloß: „Verfüge über mich und das Meinige ganz, wie es Dir gefällt. *Wenn es sich jedoch mit Deinen Plänen vereingen läßt,* laß mich ein Opfer sein für die Aufgaben, die Du unserer Schönstattfamilie gestellt hast. In Demut dein unwürdiger Diener Josef Engling."

Falls die der Weihehingabe beigefügten Wünsche nicht der Eigenwilligkeit, sondern einer gottgewollten besonderen Berufung entsprechen, so wird die Mutter Gottes ihnen Rechnung tragen und die Entfaltung und das Tun des Menschen in dieser bestimmten Richtung fördern. Sie weiß kraft der Gottesschau und der ihr übertragenen Aufgabe als Mutter der Gläubigen am besten um die Sonderberufung der einzelnen Menschen und vermittelt die Beistandsgnaden, die zu deren Verwirklichung erforderlich sind. Die Ganzhingabe an Maria stört deshalb in keinem Falle eine Sonderaufgabe oder persönliche Berufung, sondern fördert sie eher. So verstand es Consummata (gest. 1918), die sich in ihrer reifen Weise als Brandopfer dem anbetungswürdigen Willen Gottes durch Maria ausgeliefert hatte. „Maria ist mir eine unglaublich große Hilfe", schrieb sie in einem Brief vom 6. Juni 1915.

Es ist anzuraten, seine Weihe *schriftlich* zu vollziehen. Die ernstgemeinte mündliche Schenkung genügt an und für sich den Forderungen der Ganzhingabe und hat ihre volle Geltung, doch ist die schriftlich vollzogene Weihe ausdrucksvoller. Tatsache ist es, daß die Heiligen ihre Weihen und Gelöbnisse meistens schriftlich niedergelegt haben. Als Beispiel sei angeführt der hl. Johannes Eudes, der seine umfangreiche Weihe an das Herz Mariens niederschrieb, und nebenbei erwähnt, mit seinem Blute unterzeichnete. Der Heiland selber verlangte von der hl. Margareta Alacoque eine Ganzhingabe an sein heiligstes Herz und zwar unter Beobachtung folgender Umstände: das Vermächtnis sollte *schriftlich* vollzogen werden; es sollte ihr *ganzes* geistliches Besitztum in Zeit und Ewigkeit umfassen; es sollte von ihrer Oberin oder ihrem Seelenberater P. Colombiere als *Zeugen* unterzeichnet werden (Autobiographie Nr. 84). — Manche bestätigen ihre Weihehingabe durch ein Gelübde. Dieses darf nur nach langjähriger Übung der vollkommenen Marienverehrung und in keinem Falle ohne die Billigung eines erfahrenen Beichtvaters abgelegt werden. Man verstößt dagegen, wenn man mit Wissen und Willen das der Mutter Gottes durch die Ganzhingabe eingeräumte Verfügungsrecht für eine bestimmte Handlung verweigert oder den Vertrag für das fernere Leben kündigt. Man kann sich aber davon wie von anderen Gelübden vom Beichtvater entbinden lassen.

Alle Jahre soll die Weihehingabe nach entsprechender Vorbereitung erneuert werden (Geh M Nr. 61). Jeden Morgen erneuert man die Weihe in gekürzter Form, indem man etwa spricht: „Maria, meine teuere Mutter, nimm mich ganz hin; vergiß mich nicht." Kaum nachahmbar ist das Beispiel von P. Johann B. Reus SJ (gestorben 1947 in Brasilien), der die große Weiheformel des hl. L Gr alle Tage betete (Tagebucheintrag vom 21. Juli 1935).

Abschließend sei hingewiesen auf die von L Gr gewünschte von den Montfortanerpatres am 16. Juni 1906 ins Leben gerufene Erzbruderschaft „Maria, Königin der Herzen", der viele beitreten, die die Marienhingabe vollzogen haben. Es sei indessen ausdrücklich bemerkt, daß der Beitritt für die Hingabe nicht wesentlich ist und in keiner Weise gefordert wird. Wer sich der Erzbruderschaft anschließt, genießt jedoch manche geistliche Vorteile. Er kann eine Reihe Ablässe gewinnen und wird Mitglied einer weitausgedehnten Gebets- und Gesinnungsgemeinschaft, in deren Mittelpunkt die Verherrlichung Mariens steht. Der Hauptsitz befindet sich in Rom (Collegio Montfort, via Romagna 44). Zweigstellen sind in allen Ländern. Die wichtigsten in Deutschland sind: St. Ursulapfarrei, München 23, Kaiserplatz 1, und St. Grignionhaus, Altötting. In Österreich wende man sich an die Englischen Fräulein in Krems a. D.; in der Schweiz an das Kanisiuswerk Fribourg, Jolimont 6.

*Anhang*

## II. HAUPTSTÜCK

## ALLES DURCH MARIA. ERKLÄRUNG. ANWENDUNG

Ähnlich wie große Denker des Altertums haben manche Meister des geistlichen Lebens ihre Gedanken und Lehren in wenigen Worten zusammengefaßt und sie in Form von Losungen oder Leitbildern ihren Schülern und der Nachwelt überliefert. Solches hat auch L Gr, der Lehrer des marienverbundenen Lebens, getan. Seine Losung lautet: *Durch Maria zu Jesus.* Losungen sind zumeist gekürzte Sätze. Sie haben den Vorteil, daß sie in wenigen Worten sehr viel ausdrücken, leiden aber nicht selten an einem Gebrechen: sie entbehren der Klarheit und bedürfen deshalb der Deutung und näheren Erklärung. Das gilt in etwa auch von L Grs Losung: Durch Maria zu Jesus. Eine genaue Prüfung seiner Ausführungen im Geheimnis Mariens und in der Abhandlung ergibt, daß der Wendung „durch Maria zu Jesus" zum mindesten ein dreifacher Sinne zugrunde liegen kann. Darüber einige Klarstellungen:

*1. Sinn:* in manchen Fällen ist die Redewendung „durch Maria" gleichbedeutend mit „durch die Hände Mariens". In diesem Sinne handeln wir, wenn wir unsere Gebete, unsere guten Werke, Tugendübungen und dgl. dem Heiland nicht unmittelbar überreichen, sondern durch die Hände, d. h. die Vermittlung Mariens. Unsere Gaben, die oft genug dürftig sind, werden so besser beim Heiland ankommen, wie der hl. Bernhard betont (vgl. Geh M Nr. 37). Der Heiland schaut in diesem Falle nicht bloß auf die Gabe, sondern auch auf die Person, die sie überreicht, und nimmt sie mit Rücksicht auf diese huldvoll an.

Zur Beleuchtung einige Züge aus dem Frömmigkeitsleben begnadeter Menschen: Bekannt ist die hochherzige Hingabe der hl. Therese von Lisieux als Schlachtopfer der barmherzigen Liebe Gottes. Sie bietet ihre Opfergabe Gott durch Maria an, indem sie beteuert: „*Durch Maria* überreiche ich meine Opfergabe und bitte sie, Dir dieselbe darzubringen . . .“ Consummata hat eine ähnliche Weihe an den göttlichen Willen vollzogen und äußert darin: „*Durch Maria* überlasse ich mich ohne Vorbehalt Deinem anbetungswürdigen Willen . . .“ P. Jans schrieb anläßlich seiner Exerzitien vor dem Fest der Unbefleckten Empfängnis (1928) in sein Tagebuch: „Ich will mich geben ohne Vorbehalt. Ein heiliges, unbeflecktes Opfer will ich sein. Mögest Du Dich würdigen, es anzunehmen *aus den Händen* Deiner Unbefleckten Mutter“. — Diese Übergabe der Gebete und Gaben an Gott durch Maria findet sich auch in liturgischen Gebeten. So heißt es z. B. in dem sehr alten Marienhymnus Ave, maris stella: „Er, der unseretwegen Mensch geworden, möge unsere Bitten *durch Dich* entgegennehmen.“

2. *Sinn:* In anderen Fällen bedeutet die Wendung „durch Maria" soviel wie „durch die Fürsprache Mariens".

Bei diesem Verhalten treten wir mit unseren Bitten und Anliegen nicht allein vor den Heiland, sondern bedienen uns, was L Gr so oft empfiehlt, der Mittlerschaft Mariens (Geh M Nr. 50). Das will nicht heißen, als ob wir uns nie unmittelbar an den Heiland wenden dürften. Wir werden aber gut daran tun, in Begleitung Mariens zu ihm zu gehen. Auf alle Fälle gilt, was im Marienkapitel des II. Vatik. Konzils eigens hervorgehoben wird: „Die unmittelbare Vereinigung des Glaubenden mit Christus wird dadurch in keiner Weise gehindert, *sondern gefördert*" (LG Nr. 60).

Zur Erläuterung und Bestätigung einige Hinweise: Lucie Christine schreibt am 20. Sept. 1884 in ihrem wertvollen Tagebuch: „Meine liebe, unbefleckte Mutter ist sehr oft bei meinen Gebeten gegenwärtig. *Durch sie* erbitte ich alles, und sie vereinigt mich mit ihrem vielgeliebten Sohn". — In den liturgischen Gebeten hat die Wendung „durch Maria" zumeist den Sinn „durch die Fürsprache Mariens". Zahllos sind die Gebete, in denen die Einschaltung „durch die Fürsprache der glorreichen, allzeit jungfräulichen Gottesmutter Maria" oder sinnähnliche Wendungen vorkommen. In der ostkirchlichen Liturgie finden wir zahlreiche Gebete, deren Abschluß lautet: „Durch Christus unseren Herrn *und die heilige Gottes-*

gebärerin." Was vom Abendländer stillschweigend auf Grund der allgemeinen Gnadenlehre vorausgesetzt wird, wird vom betenden Morgenländer hier eigens hervorgehoben.

*3. Sinn:* Die Wendung „durch Maria" zu Jesus kann aber nach L Gr noch ein weiteres bedeuten, nämlich: „Alles kraft der durch Maria uns vermittelten Erleuchtungs- und Stärkungsgnaden tun und infolgedessen ihr in allen Stücken gehorchen, in steter und völliger Abhängigkeit von ihr leben."

Jetzt sind wir eigentlich erst zum Schwerpunkt der von Ludwig Grignion mit der Wendung „durch Maria" verbundenen Begriffe vorgedrungen. Wir müssen hier den Meister selber zu Wort kommen lassen, denn es handelt sich hier um einen wesentlichen Bestandteil seiner Lehre. In der Abh Nr. 258 sagt er wörtlich: „Man soll alle Handlungen *durch* Maria verrichten, d. h. man muß der allerseligsten Jungfrau in allen Stücken gehorchen und in allen Stücken sich von ihrem Geiste, der kein anderer als der Geist Gottes ist, führen lassen."

Der Wortlaut betont zwei Dinge: erstens, man soll Maria in allem *gehorchen,* zweitens, man soll sich in allen Stücken von ihrem Geiste *führen* lassen. Im Grunde genommen handelt es sich hier nicht um zwei wesentlich verschiedene Seelenhaltungen, sondern um ein und dieselbe, denn gehorchen heißt letzten Endes nichts anderes als sich führen lassen. So will Ludwig Grignion jedenfalls verstanden sein. Wer nimmt den Geist der Mutter in sich auf und läßt sich von ihm führen? Es ist das Kind. Deswegen entwickelt Ludwig Grignion an dieser Stelle folgenden Gedankengang: „Wer sich vom Geiste Gottes führen läßt, der ist Kind Gottes, laut dem Worte des hl. Paulus: qui spiritu Dei aguntur, ii sunt filii (Röm 8,14). Wer sich vom Geiste Mariens führen läßt, ist Kind Mariens . . . unter den zahlreichen Verehrern Mariens sind nur jene ganz wahre und treue Verehrer, die sich von ihrem Geiste führen lassen. Ich habe mit Bedacht gesagt, daß der Geist Mariä der Geist Gottes ist, denn sie ist nie vom eigenen, sondern stets vom Geiste Gottes angetrieben worden . . ."

Wie soll dies geschehen? Wie bringt man es soweit, daß man den Geist Mariens in sich aufnimmt und von ihm geführt wird? Der heilige Ludwig Grignion gibt uns die Antwort auf diese Frage, und zwar kurz in Nr. 46 des Geheimnisses Mariens und ausführlich in Nr. 258 der Abh. An dieser Stelle sagt er wörtlich: „Damit die Seele sich vom Geiste Mariens leiten lasse, muß sie

1. *dem eigenen Geiste, der eigenen Einsicht und dem eigenen Willen entsagen, bevor sie etwas unternimmt,* z. B. bevor sie Betrachtungen hält, die hl. Messe liest oder anhört, die hl. Kommunion empfängt usw.; denn die Finsternis unseres eigenen Geistes und die Bosheit unseres eigenen Willens und Handelns würden, wenn wir

ihnen folgten, dem Geiste Mariens ein Hindernis setzen, selbst wenn unser Tun und Lassen uns gut vorkommt.

2. *Die Seele muß sich dem Geiste Mariens hingeben, um von ihm gelenkt und geleitet zu werden, ganz wie Maria will.* Sie muß sich ihren jungfräulichen Händen überlassen, wie ein Werkzeug in die Hand des Handwerkers, wie eine Laute in die Hand eines guten Spielmannes gelegt ist. Wie ein Stein, den man ins Meer wirft, muß die Seele in Maria versinken und sich verlieren. Dies geschieht ganz einfach und in einem Augenblick durch einen Aufblick des Geistes, einen kurzen Willensakt oder auch in Worten, indem man z. B. spricht: „ich entsage mir selbst, ich übergebe mich Dir, o liebe Mutter!" ...

3. *Von Zeit zu Zeit muß die Seele sowohl während als nach der Handlung denselben Akt der Hingabe erneuern.* Je öfter man dies tut, desto schneller wird man heilig werden, desto früher zur Vereinigung mit Christus gelangen, die immer notwendigerweise auf die Vereinigung mit Maria folgt, weil der Geist Mariens der Geist Jesu ist."

So Ludwig Grignion. Wie diese wichtigen inneren Übungen in Worte gefaßt und anmutungsweise verrichtet werden können, soll im nächsten Hauptstück dargelegt und begründet werden. Wir nennen sie Übungen des Selbstverzichtes, des Anschlusses an Maria und der bleibenden Vereinigung mit Jesus und Maria.

An dieser Stelle und auch sonst ist die Rede vom „Geiste Mariä". Was meint Ludwig Grignion damit? Der Ausdruck hat seine Schwierigkeiten. Es sind darunter die *Gesinnungen und die Beweggründe des Handelns Mariä* zu verstehen, die ganz unter dem Einflusse des Hl. Geistes standen und stehen. Wenn jeder geläuterte, gutgewillte Mensch in seinem Denken, Wollen und Tun vom Hl. Geist bestimmt wird, dann erst recht Maria, die dessen Wirken nicht den geringsten Widerstand entgegensetzt. Ludwig Grignion darf daher mit Recht behaupten, daß der Geist Mariä der Geist Gottes ist. Unbedingte Einstellung auf die Verherrlichung und den Willen des Vaters, brennende Gottesliebe, ständiger Blick auf Gott, tiefe Demut, unermüdlicher Seeleneifer, das sind einige Züge, die im Geiste Mariens besonders hervorstechen. Dieser Geist soll auch den echten Marienverehrer beseelen und wird ihm durch den engen Anschluß an Maria zuteil. Maria fällt da die Rolle der Vermittlerin zwischen dem Hl. Geist und der Menschenseele zu. Diese erfährt so zugleich die Einwirkungen Mariens und den Einfluß des Hl. Geistes und lebt in ständiger, enger Verbindung mit beiden. Es entsteht eine wahre Lebensgemeinschaft, ein wunderbarer Einklang zwischen Menschenseele, Maria und dem Hl. Geiste.

*Anhang*

## III. HAUPTSTÜCK
## DREI WICHTIGE INNERE ÜBUNGEN

(Nach Geh M Nr. 46 und Abh Nr. 259)

1. *Selbstverzicht:* „Ich entsage allem Bösen und Gottwidrigen in mir."

2. *Anschluß an Maria:* „Maria, meine himmlische Mutter, dir gebe ich mich ganz hin. In Vereinigung mit dir will ich mein heutiges Tagewerk verrichten, mit dir beten, mit dir die Eucharistie feiern, den hl. Willen Gottes erfüllen, die Tugend des Schweigens üben usw. (d. h. man stellt sich innerlich ein auf die Tat, Tugendübung oder Pflichterfüllung, die gerade in Frage kommt.)"

3. *Vereinigung mit Christus:* „Jesus, durch Maria verbinde ich mich mit Dir aus meinem ganzen Herzen. Eins mit Deiner heiligsten Mutter gebe ich mich Dir ganz hin ... bete ich Dich an ... liebe ich Dich ... bitte ich Dich um Verzeihung usw. (je nach der religiösen Betätigung, die gerade in Frage kommt).

*Erklärung zu 1.:* Selbstverzicht.

Die Erbschuld und die persönlichen Verfehlungen verdunkeln die Seele und erzeugen die Neigung zum Bösen. Jede Sünde, jede Unvollkommenheit, jede unbeherrschte Neigung, jede ungeordnete Anhänglichkeit trägt neues Dunkel in die Seele und vermehrt die innere Unordnung. Könnte der Mensch doch zuweilen das trübe Bild seines Inneren schauen! In einer gnadenvollen

Stunde — es war während der Vorbereitungszeit auf die Ganzhingabe an Maria — durfte Schwester Bonaventura Fink einen Blick in diese verborgene Welt tun. Das Bild ihrer Seele erschreckte sie so sehr, daß sie nur noch beten konnte: „Herr, nimm es weg von mir und laß mich so Entsetzliches nicht mehr schauen!" (a. a. O. S. 69).

Andererseits, jeder Akt der Reue, jede Tugendübung, jede Losschälung, jeder Selbstverzicht bringt Licht in die Seele und trägt zur Beseitigung der inneren Unordnung bei. Wenn hier soviel von Selbstverzicht, Lostrennung, Abkehr, die Rede ist, so darf man darin nicht lediglich übertriebene Forderungen der Aszese Ludwig Grignions sehen. Es handelt sich um allgemein gültige Forderungen des Evangeliums. Mit oder ohne Aufblick zu Maria muß jeder Mensch, der es ernst mit dem Streben nach Vollkommenheit nimmt, auf jede Anhänglichkeit verzichten, denn es gilt das Wort des Heilandes: „Wer nicht *auf alles verzichtet*, was er hat, kann mein Schüler nicht sein" (Lk 14,33). Ignatius sagt in Nr. 189 seines bekannten Exertitienbüchleins: „Das soll ein jeder bedenken, daß er in allen geistlichen Dingen nur insoweit Fortschritte machen wird, als er sich von seiner Eigenliebe, seinem Eigenwillen und seinem Eigennutzen freimacht." Wie schwer ist dieser völlige Verzicht ohne die Hilfe Mariens!

Wir haben es hier mit der Läuterung der Seele, der Anfangsstufe des geistlichen Lebens, zu tun.

*Anhang*

*Erklärungen zu 2.: Anschluß an Maria.*

Wenn die Menschenseele durch die Buße gereinigt und durch den Selbstverzicht entleert ist, dann ist Platz für Gott und Spielraum für das Wirken Mariens geschaffen. Solange der irdischmenschliche Geist, d. h. Anhänglichkeit, selbstsüchtige Wünsche, eigenwillige Bestrebungen, Tun und Lassen des Menschen bestimmen, kann er nur sehr unvollkommen vom Geiste Mariens beeinflußt werden. In dem Grade als der erd- und ichverhaftete Geist des Menschen zurücktritt, kommt der Geist Mariens zur Geltung. Wir wissen, daß der Geist Mariens der Geist Gottes ist.

Wir wissen auch, daß Maria nicht eigenmächtig in die Seele des Menschen eingreift, sondern immer als Werkzeug und Mittlerin des Hl. Geistes, dem allein die eigentliche Führung der Seelen zukommt. Der Mensch, der am engsten durch die Weihehingabe und häufige Gebetshinwendung an Maria angeschlossen ist, wird am meisten den Einfluß des Hl. Geistes an sich erfahren. Wie zweckmäßig ist es demnach, alles durch und mit Maria zu tun und dem ichbestimmten Tun abzusterben! Am 11. April 1920, wenige Monate nach ihrer Weihehingabe, schrieb Schw. Bonaventura Fink in ihr Tagebuch und unterstrich es rot: „Das eigene Ich muß ganz sterben. Laß Maria wirken, denn dann hast du dauernd wahre Freude" (Ein Leben des Lichtes, III, 4). In den liturgischen Gebeten werden nicht selten auf Maria jene Worte angewandt, die in erster Sicht von der Ewigen Weisheit gelten: „Die *in mir* wirken, werden nicht sündigen" (Jesus Sirach, 24,22).

*Erklärungen zu 3.:* Vereinigung mit Christus.

Die eben erwähnte Vereinigung mit Maria ist nicht Endziel, sondern soll Hinführung und Weg zu Christus sein. Auf diesen muß sich unser geistiger Blick immer wieder richten, sei es beim Beten, sei es bei der Arbeit, sei es bei der Übung der Tugenden, bei der Eucharistiefeier, bei der Anbetung des Allerheiligsten; mit einem Worte beim gesamten Tun und Lassen. Man beachte und übe, was bereits bei den Bemerkungen zu Nr. 47 des Geh M dargelegt worden ist.

Verschiedene Male empfiehlt L Gr die Übernahme der Meinungen Jesu und Mariens (z. B. Geh M Nr. 46). Die Verherrlichung des himmlischen Vaters und das ewige Heil der unsterblichen Seelen bilden das Grundanliegen dieser Meinungen, dem alle anderen untergeordnet und eingeordnet sind. Gott zu verherrlichen und zur Rettung der heilsgefährdeten Seelen durch Gebet und Opfer beizutragen, wird immer das Bestreben gottliebender Menschen sein. Die Meinungen Jesu und Mariens werden vielfach für uns in Dunkel gehüllt sein, aber es reicht uns zu wissen, daß wir nicht Besseres tun können, als sie zu den unsrigen zu machen. Der Verzicht auf eigene Meinungen (soweit es nicht Pflichtmeinungen sind) und die Übernahme der Meinungen Jesu und Mariens wird nicht selten im Leben hochherziger Menschen erwähnt. Sie wurden z. B. gefordert von der hl. Margarete Alacoque. In Punkt 17 ihres bekannten Gelübdes, in allen Stücken das Vollkommenere zu tun, heißt es: „Ich werde mich bemühen, alles zu tun und zu leiden aus Liebe zum heiligsten Herzen Jesu und *nach seinen Meinungen, mit denen ich mich in allem vereinigen werde*" (Oeuvres II, S. 202). Auch von Consummata, der Karmelitin in der Welt, verlangte der Heiland ausdrücklich den Verzicht auf die eigenen Meinungen und die Übernahme der seinigen.

*Wann sollen die drei erwähnten inneren Übungen des Selbstverzichtes, des Anschlusses an Maria und der Vereinigung mit Christus vollzogen werden?*

Vor allem beim Beginn des Tagewerkes. Es kann schon beim Ankleiden und Waschen geschehen. Sodann beim Beginn einigermaßen wichtiger Handlungen, z. B. der Betrachtung, der Eucharistiefeier, der Berufsarbeit, bei kritischen Situationen innerer oder äußerer Art. Der nach innen lebende Christ spürt selber, wann und wo die Kontaktherstellung mit der seligen Jungfrau wichtig ist. Die drei inneren Übungen kann und soll man ganz seinen eigenen Verhältnissen anpassen. Die persönliche Eigenart des geistlichen Lebens muß gewahrt bleiben.

*Abschließende Bemerkung:* Nur dort, wo mit Ausdauer die drei Übungen des Selbstverzichtes, des Anschlusses an Maria und der Vereinigung mit dem Heiland vollzogen und die entsprechenden seelischen Haltungen gepflegt werden, wird man schrittweise zur vollkommenen Marienverbundenheit, die uns L Gr lehren möchte, vordringen. Im Anfang wird es wahrscheinlich nur unvollkommen gelingen, doch gilt auch hier das geflügelte Wort: „Übung macht den Meister!" Als Schw. Bonaventura Fink einmal gefragt wurde, wie man es zur vollkommenen Marienverehrung bringe, gab sie die treffende Antwort: „Durch Üben", ein anderes Mal riet sie: „Man muß jeden Tag neu anfangen". Auf diese Weise entwickelt sich allmählich die bleibende, bewußte Lebensgemeinschaft mit Maria und damit auch eine engere Verbundenheit mit dem Heiland. Es gilt immer: Durch Maria zu Jesus. Wo die Seelen sich mit Ausdauer, Demut und Selbstlosigkeit um diese Vereinigung mühen, setzt in manchen Fällen auch die mystische Gnade ein, wodurch die erfahrungsmäßige Verbundenheit mit Maria zeitweiliges oder bleibendes Erlebnis wird, wie es bei der flamländischen Rekluse Maria von der hl. Theresia (gest. 1677) oder in neuerer Zeit bei Schw. Bonaventura Fink (gest. 1922), bei der Franziskanerin Angeles Sorazu (gest. 1921), bei Adrienne von Speyer (gest. 1967), Eduard Poppe (gest. 1924), P. Maximilian Kolbe (gest. 1941) und vielen anderen der Fall war. Die schönste Seite der Geschichte der Marienfrömmigkeit ist die marianische Mystik.

Anhang

# IV. HAUPTSTÜCK

# MARIANISCHES LEBEN UND EUCHARISTIE

Da Jesus Christus, Opferpriester und Opfergabe des Neuen Bundes, Sohn Mariens ist, und da die Opferspeise, die wir bei der Eucharistiefeier genießen, Gabe Mariens ist, so besteht notwendigerweise eine sehr enge Verbindung zwischen Eucharistie und der Seligen Jungfrau. In der Konstitution über die hl. Liturgie (Nr. 103) wird vom II. Vatik. Konzil eigens hervorgehoben, daß „Maria, die selige Gottesgebärerin, durch ein unzerreißbares Band mit dem Heilswerke ihres Sohnes verbunden ist." Die Früchte des Erlösungswerkes strömen uns vorzugsweise durch die Eucharistie zu. Da nach den Weisungen L Grs Maria in unser gesamtes religiöses Tun und Lassen bewußt einbezogen werden soll, so darf sie am allerwenigsten außer Acht gelassen werden, wo der Christ die eucharistischen Geheimnisse mitfeiert und sich auf die Begegnung mit dem Heiland in der hl. Kommunion vorbereitet. Er wird sich ja gerade bei diesem Anlaß seiner Unzulänglichkeit und Unwürdigkeit besonders bewußt und hält deshalb Ausschau nach dem Beistand Mariens.

Ausgewogene marianische, liturgische und eucharistische Frömmigkeit werden nie einander im Wege stehen, sondern eher sich gegenseitig ergänzen, fördern und befruchten. Was den Priester betrifft, so sollte er nicht ohne Anrufung und Begleitung Mariens an den Altar treten, wollte doch auch der Heiland bei seinem Opfer auf dem Kalvarienberge seine heilige Mutter, seine „großmütige Gefährtin" (LG Nr. 61) beim Erlösungswerk, an seiner Seite haben.

### 1. Eucharistiefeier mit Maria

Im Sinne der Anregungen des II. Vatik. Konzils in der Konstitution über die hl. Liturgie werden die meisten Christen, die die eucharistischen Geheimnisse mit Herz und Verstand mitfeiern, das Geschehen am und auf dem Altar an Hand der liturgischen Texte verfolgen. Vor Beginn der Feier vollziehe man den wichtigen, von L Gr so oft empfohlenen *Selbstverzicht*, indem man so oder ähnlich spricht: „Maria, meine himmlische Mutter, ich verzichte auf alles Böse und Gottwidrige in mir . . ." Sodann bemüht man sich, den Anschluß an die Selige Jungfrau zu gewinnen, indem man diese oder eine ähnliche Anmutung erweckt: „Maria, meine Mutter, ich vereinige mich ganz mit dir. Eins mit dir und dem Heiland will ich an dieser Opferfeier teilnehmen. Ganz eins mit euch und eueren Meinungen will ich opfern, eins mit euch will ich geopfert werden, eins mit euch den dreifaltigen Gott verherrlichen, für die Anliegen der Kirche und die meinigen beten . . ."

Sodann nimmt man den liturgischen Meßtext zur Hand und gibt sich ungeteilt der Seelenhaltung und den Gesinnungen hin, die ihm entsprechen, ohne erzwungene Seitenblicke auf die Mutter Gottes zu versuchen. Man kann nicht zugleich an zwei Dinge denken. Nur hin und wieder erneuert man durch eine kurze Anmutung die Vereinigung mit Maria, indem man innerlich etwa spricht: „Maria, meine Mutter, ganz eins mit dir will ich beten und opfern." Es soll nicht zu häufig geschehen, damit die ungeteilte Aufmerksamkeit dem Opfergeschehen und den entsprechenden Gesinnungen zugewandt bleibt. Die allgemeine Absicht und Willenseinstellung alles mit Maria tun zu wollen, hält die Verbindung mit ihr aufrecht, auch wenn sie nicht im Vordergrund des Bewußtseins steht. Maria wird dem Betenden und Mitopfernden laufend die anregenden, erleuchtenden, stärkenden, zuvorkommenden und begleitenden Gnaden vermitteln, die er zur segensreichen Teilnahme an der Opferfeier benötigt.

Die idealste Verfassung bei der Teilnahme am hl. Meßopfer wird darin bestehen, die innere Haltung und die Gesinnung Mariens am Fuße des Kreuzes, also beim ersten Opfergeschehen, nachzuvollziehen. So verlangte es der Heiland bei der Vertrauten seines Herzens, der hl. Margareta Alacoque (Autobiogr. Nr. 46). Mariens Seelenverfassung am Fuße des Kreuzes war eine dreifache:

1. Maria hat sich mit Christus hingeopfert; sie war eine *Mitgeopferte* (siehe L Gr Nr. 58);

2. Maria hat mit Christus das Opfer dargebracht; sie war eine *Mitopfernde*. In der En-

zyklika über den mystischen Leib sagt Pius XII.: „Maria hat ihren Sohn auf Golgotha zusammen mit dem Ganzopfer ihrer Mutterrechte und ihrer Mutterliebe dem Ewigen Vater dargebracht;"

3. Maria hat mit Christus gebetet; sie war eine *Mitbittende*.

Als Mitopfernde, als Mitgeopferte und als Mitbittende hat Maria, die Kirche darstellend, an der Opferhandlung ihres Sohnes tätigen Anteil genommen. Die Anpassung an diese dreifache Haltung Mariens und deren Nachvollzug ist das Ideal unserer Teilnahme an der eucharistischen Opferfeier. Christus, Maria, Kirche und wir wirken an dieser Stelle in einmaliger Verbundenheit zusammen.

Jede Eucharistiefeier bindet uns enger an Maria und belebt unser Kindesverhältnis zu ihr, weil sie uns vom Heiland unter Nachvollzug des Geschehens auf dem Kalvarienberg neuerdings zur Mutter gegeben wird (vgl. Joh 19,26). Noch eines ist bemerkenswert: Nach dem letzten Willen des Heilandes sollte die Eucharistiefeier „Gedächtnis" seines Leidens und Sterbens sein (Lk 22,19 und 1. Kor. 11,24). Sie ist aber auch stetige Erinnerung an den einzigartigen Beitrag Mariens zur Opfertat des Herrn am Fuße des Kreuzes.

## 2. Kommunionfeier mit Maria

Am Ende der Abh gibt Ludwig Grignion eingehende Anweisungen, wie man sich in Verbindung mit Maria auf den Empfang der hl. Kommunion vorbereiten und wie man die Danksagung gestalten soll. Vieles, was er über die Vorbereitung sagt, ist hinfällig geworden, weil nach der heutigen Auffassung die aktive Teilnahme an der Eucharistiefeier die beste Vorbereitung auf den Empfang der hl. Kommunion darstellt. In den Lebensbeschreibungen und Aufzeichnungen begnadeter und strebender Christen wird nicht selten erwähnt, daß sie die Gewohnheit hatten, die Mutter Gottes bei der Vorbereitung auf die hl. Kommunion um ihre Hilfe anzugehen. Im Begriff zu kommunizieren, kam sich die hl. Therese von Lisieux wie ein Kind vor, dem beim Spielen Kleider und Haare in Unordnung geraten sind. Sie eilte zur Mutter Gottes und bat sie, sie auf den Empfang der hl. Kommunion bereitzumachen. Von der Seligsten Jungfrau hergerichtet und geschmückt, glaubte sie „ohne sich schämen zu müssen am Gastmahl der Engel teilnehmen zu können" (Geschichte einer Seele. Ratschläge und Erinnerungen). P. Johann Baptist Reus SJ schrieb am 5. Juni 1937 in sein Tagebuch: „Am Morgen, wenn ich zur hl. Messe gehe, dann bitte ich die liebe Gottesmutter, sie möge mich in ihren Brautschmuck kleiden, um den lieben Heiland gebührend zu empfangen."

In der Abh Nr. 266 gibt L Gr folgende Winke zur Vorbereitung auf die hl. Kommunion: „1. Verdemütige dich tief vor Gott. 2. Entsage deiner verdorbenen Natur und deiner Verfassung, wenn sie dir auch noch so gut vorkommen (Selbstverzicht). 3. Erneuere kurz deine Marienhingabe mit den Worten: „Ich bin ganz dein, und alles, was mein ist, gehört dir." 4. Bitte diese gütige Mutter um ihr Herz, um damit ihren Sohn mit der gleichen Verfassung wie sie zu empfangen." Der letzte Wink kann leicht falsch verstanden werden; er darf nicht zu wörtlich aufgefaßt werden. Maria kann uns ihr Herz nicht geben, doch hat die diesbezügliche Bitte an sie einen Sinn und will folgendes besagen: 1. Wir können und sollen 1. unser Herz (d. i. unsere Liebesfähigkeit) mit dem liebenden Herzen Mariens *vereinigen* und im Gleichklang mit ihm den eucharistischen Heiland empfangen; 2. Maria bitten, sie möge unser Herz *umwandeln*, um in den gleichen Gesinnungen wie sie uns dem Heiland zu nahen. Auch der sog. Herzensaustausch, von dem in der Mystik zuweilen die Rede ist, kann nicht anders verstanden werden. Das Herz selber und was damit gemeint ist, ist nicht übertragbar, weil es, ähnlich wie die heiligmachende Gnade, ein persongebundener Eigenbesitz ist.

Die Zeit, während der der eucharistische Heiland nach dem Kommunionempfang bei uns weilt, ist Höhepunkt der Christusbegegnung und besondere Gnadenzeit. Es besteht heute die Gefahr, daß die Danksagung zu kurz ausfällt. Die wenigen und kurzgefaßten Gebete, die bei der Eucharistiefeier der hl. Kommunion folgen, schließen die Eucharistiefeier irgendwie ab, reichen aber kaum aus, um eine tiefere persönliche Begegnung mit dem eucharistischen Heiland herbeizuführen und die Gnadenschätze zu heben, die uns durch die hl. Kommunion angeboten werden. Dazu braucht man mehr als einige kurze Minuten. Pius XII. schreibt in seinem liturgischen Weltrundschreiben Mediator Dei vom 20. 12. 1947: „Es ist sehr angebracht, daß der Kommunizierende nach Empfang der hl. Speise und nach Abschluß der liturgischen Feier sich sammle und mit dem göttlichen Meister, mit dem er eng verbunden ist, traute und heilsame Zwiesprache halte... Es sind also vom rechten Wege der Wahrheit abgewichen, die behaupten und lehren, man brauche nach Beendigung des heiligen Meßopfers keine derartige Danksagung zu halten."

### 3. Gestaltung der Danksagung nach der hl. Kommunion

Die Danksagung soll gewöhnlich vier Übungen umfassen. Den Willkommgruß, die Anbetung, die Liebesdarbietung und die Bitten. Man bete etwa so:

I. *Willkommgruß:*

„O Jesus, Jesus... Wie freue ich mich über Deine Ankunft! Kehre ein bei mir... Eins mit Deiner heiligsten Mutter heiße ich Dich herzlich willkommen... Komm und nimm ganz Besitz von mir. Alles ist Dein..."

II. *Anbetung:* Christus ist der eingeborene Sohn Gottes und hat als Herr des Himmels und der Erde ein Anrecht auf unsere Anbetung und Huldigung. Unser Vertrauen zu ihm darf keineswegs die ihm schuldige Ehrfurcht mindern. Da die Anbetung und Verherrlichung des Heilandes durch uns Geschöpfe, die Mutter Gottes miteinbegriffen, nur eine begrenzte, endliche, seiner Würde nicht ganz entsprechende sein kann, so vereinigen wir sie vorteilhafterweise mit jenem unendlichen, göttlichen Lobpreis, den er ohne Unterlaß von seinem Vater empfängt. Das Begrenzte, Geschöpfliche mündet so in das Unendliche ein und geht in ihm auf. Vielleicht können wir so anbeten:

„Liebster Heiland, ganz eins mit Deiner heiligen Mutter bete ich Dich in tiefster Ehrfurcht an... Du bist der Sohn Gottes, der Herr aller Geschöpfe. In Demut beuge ich mich vor Dir... Könnte ich Dich doch so anbeten, wie es Deiner Hoheit gebührt! Wir (d. h. die Mutter Gottes und die Seele) vereinigen unsere Anbetung und Huldigung mit jenem unendlichen Lobpreis, den Dir im Schoße der hochheiligen Dreifaltigkeit der *Ewige Vater* von Ewigkeit zu Ewigkeit darbietet... Mit ihm und durch ihn loben, preisen und verherrlichen wir Dich, so sehr wir können..."

III. *Liebe:* Christus kommt aus Liebe zu seinem Geschöpfe. Als Gegengabe erwartet er auch Liebe. Da diese seitens des Menschen nur eine begrenzte ist, so vereinigen wir sie einerseits mit der glühenden Liebe des Herzens Mariä und andererseits mit der unendlichen Liebe, die der Heiland ohne Unterlaß vom Hl. Geist empfängt. Man kann vielleicht so beten:

„O Jesus, ich liebe Dich aus meinem ganzen Herzen... Meine schwache Liebe vereinige ich mit der großen Liebesglut, die Dir aus dem Herzen Mariens entgegenschlägt... Eins mit ihr liebe ich Dich aus ganzem Herzen, aus ganzer Seele und aus allen meinen Kräften... O Jesus, ich möchte Dir unendliche Liebe schenken... Wir (d. h. die Mutter Gottes und die Seele) vereinigen unsere Liebe mit jenem uferlosen Liebesstrom, der sich vom Hl. Geiste aus von Ewigkeit zu Ewigkeit in Dein heiligstes Herz ergießt... O Jesus, ich möchte Dich mehr lieben können. Erweitere und entzünde mein Herz, denn ich kann Dir nur soviel Liebe schenken, als Du mir zuvor gegeben hast... Gib, daß meine Liebe zu Dir immer reiner, selbstloser, glühender werde und sich im ständigen Denken an Dich, im frohen Opferbringen, im Verzicht auf jede andere Liebe, die nicht in Dir begründet ist, und in treuer Pflichterfüllung bewähre... Ich wünschte Dich so zu lieben, wie Deine hochheilige Mutter Dich liebt."

IV. *Bitten:* Sodann ist die Zeit gekommen, dem Heilande seine Bitten durch Maria vorzutragen. Diese werden nach Maßgabe der persönlichen Verhältnisse sehr verschieden sein. Man beginnt etwa so:

„Und nun, liebster Heiland, öffne die Schatzkammer Deines heiligsten Herzens und teile mir von seinen Reichtümern mit... Durch Maria bitte ich Dich vor allem um die Ankunft Deines Reiches: Zu uns komme Dein Reich! Gib, daß es sich in allen Menschenherzen ausbreite. Segne es in der sichtbaren Gestalt Deiner heiligen Kirche... Segne den Heiligen Vater, die Bischöfe, die Priester, meinen Seelsorger, alle Gläubigen... Führe alle Irrenden zum wahren Glauben zurück... Verleihe Deines kostbaren Blutes und der Fürsprache Mariä willens allen Sterbenden die Gnade, im Frieden mit Dir von hinnen zu scheiden, damit sie im Himmel Dich ewig schauen, loben und preisen dürfen...

Und nun, liebster Heiland, trage ich Dir durch Deine und meine Mutter jene Bitten vor, die mich selber betreffen ...

*Das Erste:* Verzeihe mir meine Sünden und bisherigen Treulosigkeiten. Mit dem Propheten seufze ich zu Dir: „Mehr und mehr wasche mich von meiner Missetat und läutere mich von aller Sündenschuld. Erschaffe in mir ein reines Herz, o Gott, und erneuere mich ... (Ps 50)." Löse mich los und mache mich frei von allem, was nicht nach Dir ausgerichtet ist. Du allein sollst mein Anteil in Zeit und Ewigkeit sein. O, wäre meine Seele ganz rein, frei von sich selber und leer von allen Geschöpfen! Ich weiß, daß dann Deine Liebe und Dein Leben sich wie ein uferloser Strom in mich ergießen würden ...

*Das Zweite:* O Jesus, gestalte mich um in Dich. Mir selbst abgestorben, möchte ich nur noch in Dir und Maria leben. Euer Denken soll mein Denken, Euer Wollen mein Wollen, Euer Lieben mein Lieben, Euer Leben mein Leben werden. Geeint mit Euch will ich mich bemühen, Tag für Tag mit wachsender Treue den Willen des Ewigen Vaters zu erfüllen und zu allen Wechselfällen des Innen- und Außenlebens mit hingebender Seele mein „Ja, Vater" sprechen ... O, versagt mit Eueren Beistand nicht! Ohne Eure Hilfe werden meine heiligsten Vorsätze und Wünsche nie zur Tat werden und wie leere Worte verhallen ...

*Das Dritte:* Nochmals, gütigster Heiland, greife tief in die Schatzkammer Deines hochheiligen Herzens und gib mir durch die Fürsprache Mariens (es folgen weitere persönliche Bitten) ..."

V. *Aufschwung zum Ewigen Vater:* An manchen Tagen wenigstens sollte man sich nach der heiligen Kommunion auch an den Ewigen Vater wenden. Wenn sich der Heiland so innig mit der

Seele verbindet, so geschieht es großenteils deshalb, um sie mit sich zum Ewigen Vater zu nehmen. „Ich gehe zu meinem Vater und zu eurem Vater." Wie der Adler seine Jungen auf die Schultern nimmt und in kühnem Fluge der Sonne entgegenträgt, so hebt uns Christus zu seinem und unserem Vater empor (vgl. Deut 32,18). Kraft der eucharistischen Vereinigung wird die Seele so eins mit ihm, daß der Vater die Liebe, die ihn mit unsäglicher Zärtlichkeit zu seinem urgeborenen Sohne hinzieht, auch auf die Einsgewordenen mit diesem ausdehnt. Nie ist es leichter und nie haben wir mehr Recht, den Ewigen Vater als unseren Vater anzusprechen als nach der heiligen Kommunion. Beten wir dann mit der Einfalt des vertrauenden Kindes:

„O Vater, Vater... Eins mit Deinem Sohne und meiner heiligen Mutter komme ich zu Dir... Du bist wahrhaftig mein Vater. Wie glücklich bin ich, Dein Kind sein zu dürfen... Schau nicht auf meine Armseligkeit, sondern auf die Herrlichkeit Deines eingeborenen Sohnes, die mich erhebt und durchstrahlt...

O Vater, in Verein mit Deinem göttlichen Sohne und mit Maria bete ich Dich in Demut und Ehrfurcht an. Du bist ja der Herr des Himmels und der Erde, dem alle Ehre und Verherrlichung gebührt...

Ich liebe Dich aus meinem ganzen Herzen. O, könnte ich Dich mehr lieben! Nimm die Liebesgluten, die dem Heiligen Herzen Deines Sohnes und dem Herzen meiner heiligen Mutter entströmen, als die meinen an. Dir gehört die ganze Liebe Deines Kindes... Dir, o Vater, schenke ich mein unbegrenztes Vertrauen. Meine Gegenwart und meine Zukunft lege ich in Deine

Hände. Wer liebt mich mehr und wer wird besser für mich sorgen als Du? Du weißt, was am zuträglichsten für mich ist. Ich will nur, was Du willst. Zu allem, was Du schicken magst, sei es ein Frohes oder Schweres, spreche ich mit dem unbegrenzten Vertrauen des Kindes: Ja, Vater, ja, Vater! Dein heiliger Wille geschehe wie im Himmel also auch auf Erden ... Nur einen Wunsch hege ich hienieden: verborgen in Christus und Maria Dich immer mehr zu lieben, Deine Ehre nach Kräften zu fördern, jeden Augenblick Deinen heiligen Willen treu zu erfüllen, Dir viele Seelen zuzuführen und nach diesem Leben Dich in Deiner Herrlichkeit von Angesicht zu Angesicht schauen zu dürfen. Sei mein Anteil in Ewigkeit ... Vater, vergiß Dein armes Kind nicht, das noch in der Verbannung weilt und sich in Sehnsucht nach Dir verzehrt ... Amen, Vater!"

Ludwig Grignion rät an, nach der heiligen Kommunion zur Danksagung auch das Magnifikat, den Lobgesang Mariens, zu beten. Jedenfalls gilt, was er in Nr. 273 der Abh sagt: „Es gibt noch unendlich viele andere Gedanken, die der Hl. Geist Dir eingibt und eingeben wird, wenn Du recht innerlich und abgetötet lebst und der großen und erhabenen Andacht treu bist, die ich Dich gelehrt habe."

## DAS MAGNIFIKAT

Hoch preiset meine Seele den Herrn; mein Geist frohlockt in Gott, meinem Heile.

In Huld hat er herabgeseh'n auf mich, seine einfache Magd; von nun an preisen mich die Geschlechter alle.

Denn Großes hat an mir getan der Mächtige. Heilig ist sein Name.

Barmherzig ist er immerdar für alle, die ihn fürchten.

Mit kraftvollem Arme waltet er; zerstreut, die stolzen Sinnes sind.

Die Mächtigen stürzt er vom Thron, die Niedrigen erhöhet er.

Die Hungrigen, die sättigt er mit Gütern; die Reichen läßt er leer ausgeh'n.

In Liebe nimmt er seines Knechtes Israel sich an, er denkt an seine Huld und seine Treue.

Wie er gesprochen hat zu unseren Vätern, zu Abraham und seinen Kindern für und für.

## V. HAUPTSTÜCK

## WICHTIGE STELLEN AUS NEUEREN MARIANISCHEN VERLAUTBARUNGEN DES KIRCHLICHEN LEHRAMTES

*I. Untrennbare Verbundenheit Mariens mit dem mystischen Leibe Christi:*

„Maria war an allen Geschehnissen, die Werden und Wachstum des mystischen Leibes Christi betreffen, beteiligt. Der hl. Augustinus schreibt ja: „Sie ist Mutter seiner Glieder, und das sind wir; sie hat nämlich durch ihre Liebe mitgewirkt, daß die Gläubigen in der Kirche geboren würden, die dieses Hauptes Glieder sind" (PL 40,399). Sie wird sich sicherlich auch fürderhin durch ihre wahrhaft mütterliche Fürsprache dafür einsetzen, daß die Kirche weiterhin durch Raum und Zeit wachse und so alle Menschen und alle menschlichen Belange in Christus einbezogen werden" (Paul VI. im Mahnschreiben vom 1. Mai 1971 an die Leiter der marianischen Wallfahrtsstätten).

*II. Maria ist und wird mit Recht von Paul VI. „Mutter der Kirche" genannt:*

„Wie die Gottesmutterschaft der Grund ist für die einzigartigen Beziehungen zwischen Christus und Maria und sie im Wirken Jesu Christi für das menschliche Heil zugegen ist, so erwachsen gleichfalls aus der Gottesmutterschaft die besonderen Beziehungen zwischen Maria und der Kirche. Denn so wie Maria die Mutter Christi ist, der alsbald nach seiner Menschwerdung in ihrem jüngfräulichen Schoße sich, dem Haupte, seinen mystischen Leib — die Kirche — anschloß, so ist Maria als die Mutter Christi zugleich als die Mutter aller Gläubigen und Hirten, also der Kirche, zu betrachten . . . So erklären wir denn zum Ruhm der heiligen Jungfrau und zu unserem Troste die heilige Maria zur *Mutter der Kirche,* d. h. des ganzen christlichen Volkes, der Gläubigen wie der Hirten, die sie ihre liebevolle Mutter nennen. Und wir bestimmen, daß mit diesem liebwerten Namen von nun an das christliche Volk die Gottesmutter noch mehr ehrt und anruft" (Paul VI. in der Ansprache am Schluß der dritten Sitzungsperiode des II. Vatikanischen Konzils).

*III. Maria ist in einem wahren Sinne geistige Mutter der Menschen:*

„Die katholische Kirche verehrt sie (Maria), vom Heiligen Geist belehrt, in kindlicher Liebe als geliebte Mutter" (LG Nr. 53).

„Die Seligste Jungfrau, die von Ewigkeit her zusammen mit der Menschwerdung des göttlichen Wortes als Mutter Gottes vorherbestimmt wurde, war nach dem Ratschluß der göttlichen Vorsehung hier auf Erden die erhabene Mutter des göttlichen Erlösers, in einzigartiger Weise vor andern dessen großmütige Gefährtin und die demütige Magd des Herrn. Indem sie Christus empfing, gebar und nährte, im Tempel dem Vater darstellte und mit ihrem am Kreuze sterbenden Sohne litt, hat sie beim Werk des Erlösers in durchaus einzigartiger Weise in Gehorsam, Glaube, Hoffnung und brennender Liebe mitgewirkt zur Wiederherstellung des übernatürlichen Lebens der Seelen. *Deshalb ist sie uns in der Ordnung der Gnade Mutter*" (LG Nr. 61).

„Sie (d. h. Maria) gebar aber einen Sohn, den Gott gesetzt hat zum Erstgeborenen unter vielen Brüdern (Röm 8,29), den Gläubigen nämlich *bei deren Geburt und geistigem Wachstum sie in mütterlicher Liebe mitwirkt*" (LG Nr. 63).

„Nachdem Maria am Opfer ihres Sohnes, der Ursache unserer Erlösung, teilgenommen hatte, und zwar auf so innige Weise, daß sie es verdiente, vom Herrn als Mutter nicht nur des Jüngers Johannes, sondern ... *Mutter des ganzen Menschengeschlechtes*, das der Lieblingsjünger gleichsam in Person vertrat, genannt zu werden, fährt sie fort, *ihres mütterlichen Amtes zu walten*, indem sie zur Mitteilung und Vermehrung des göttlichen Lebens in den Herzen der einzelnen Menschen, die erlöst sind, beiträgt. Diese Tatsache berechtigt einerseits zum größten Troste und ist andererseits nach Gottes freiem Willen und höchster Weisheit eine Ergänzung im Mysterium des Heiles der Menschen. Deshalb muß diese Wahrheit von allen Christen im Glauben festgehalten werden" (Paul VI. im Mahnschreiben Signum Magnum vom 13. Mai 1967).

*IV. In den Himmel aufgenommen setzt Maria ihre mütterliche Aufgabe durch die Fürsprache fort:*

„Diese Mutterschaft Mariens in der Gnadengewinnung und Gnadenvermittlung dauert unaufhörlich fort, von der Zustimmung an, die sie bei der Verkündigung gläubig gab und unter dem Kreuze ohne Zögern festhielt, bis zur ewigen Vollendung aller Auserwählten. In den Himmel aufgenommen, hat sie diesen heilbringenden Auftrag nicht aufgegeben, sondern fährt durch ihre vielfältige Fürbitte fort, uns die Gaben des ewigen Heiles zu erwirken. In ihrer mütterlichen Liebe trägt sie Sorge für die Brüder ihres Sohnes, die noch auf der Pilgerschaft sind und in Gefahren und Bedrängnissen weilen, bis sie zur seligen Heimat gelangen. Deshalb wird die Selige Jungfrau unter dem Titel der Fürsprecherin, der Helferin, des Beistandes und der Mittlerin in der Kirche angerufen" (LG Nr. 62).

*V. Bedeutung der Herz-Marienverehrung in der Jetztzeit. Paul VI. erinnert an die von Pius XII. und ihm selber vollzogene Weihe der Welt an das Herz Mariens und empfiehlt eindringlich den persönlichen Nachvollzug der Weihe. Vier von der Herz-Marien-Verehrung erwartete Früchte.*

„Unser Vorgänger Papst Pius XII. hat am 31. Oktober 1942 in seiner Radioansprache an das portugiesische Volk die Kirche und das ganze Menschengeschlecht der Gottesmutter Maria und ihrem Unbefleckten Herzen feierlich geweiht. Wir selbst haben diese Weihe am 21. November 1964 erneuert und ermahnen nun alle Kinder der Kirche, sich persönlich dem Unbefleckten Herzen der „Mutter der Kirche" von neuem zu weihen.

Das Unbefleckte Herz Mariens möge allen Christen als Vorbild der vollkommenen Liebe zu Gott und zum Nächsten voranleuchten (1). Es möge sie zum Empfang der hl. Sakramente der Kirche führen, wodurch die Herzen der Gläubigen geläutert und im Guten gefestigt werden (2). Es möge die Gläubigen dazu anspornen, Sühne zu leisten für die zahllosen Beleidigungen, die der göttlichen Majestät zugefügt werden (3). Das Unbefleckte Herz Mariens sei endlich auch Zeichen der Einheit und Ansporn, um das brüderliche Verhältnis zwischen allen Christen innerhalb der einen Kirche Jesu Christi zu festigen (4) (Paul VI. im marianischen Mahnschreiben Signum Magnum vom 13. Mai 1967).

*Anhang*

VI. *Eine gedrängte Zusammenfassung der Marienlehre der Kirche bietet uns Paul VI. im „Credo des Gottesvolkes" vom 30. Juni 1968, wo es heißt:*

„13. Wir glauben, daß Maria, die allzeit Jungfrau blieb, die Mutter des menschgewordenen Wortes ist, unseres Gottes und Heilandes Jesus Christus, und daß sie im Hinblick auf diese einzigartige Gnadenauserwählung und durch die Verdienste ihres Sohnes auf eine vollkommene Art erlöst worden ist, indem sie von jedem Makel der Erbsünde bewahrt und mit dem Gottesgeschenk der Gnade mehr bedacht wurde als alle anderen Geschöpfe.

14. Verbunden in einer ganz innigen und unauflöslichen Weise mit dem Geheimnis der Menschwerdung und Erlösung, wurde die Seligste Jungfrau, die unbefleckt empfangene, am Ende ihres irdischen Lebens mit Leib und Seele in die Herrlichkeit des Himmels aufgenommen und in Vorausnahme des künftigen Loses aller Gerechten ihrem auferstandenen Sohne in der Verklärung angeglichen.

15. Wir glauben, daß die heilige Gottesmutter, die neue Eva, die Mutter der Kirche, im Himmel ihr mütterliches Amt fortsetzt zugunsten der Glieder Christi, indem sie mitwirkt bei der Erweckung und beim Wachstum des göttlichen Lebens in den erlösten Seelen." —

*Anhang*

## VI. HAUPTSTÜCK
## GEBETSANHANG
## *DIE KLEINE KRONE MARIÄ*
### oder
### Das marianische Sternenkränzchen

In Nr. 64 des Geheimnisses Mariä empfiehlt Ludwig Grignion die kleine Krone Mariä. Er selber betete sie täglich und hat sie als Morgengebet den von ihm ins Leben gerufenen religiösen Genossenschaften zur Pflicht gemacht. Die 12 Ave Maria entsprechen der Zwölfzahl der Sterne, die der hl. Johannes auf Patmos um das Haupt der apokalyptischen Frau glänzen sah. Diese versinnbildet sowohl die Kirche als die heilige Gottesgebärerin Maria. Die zwölf Sterne werden gerne auf die Gnadenvorrechte und Tugendvorzüge Mariens gedeutet.

Die kleine Krone Mariens wird verschieden gebetet. Wir bieten hier die Fassung des heiligen Ludwig Grignion.

### I.

Würdige mich, Dich zu loben, o heiligste Jungfrau.
Gib mir Kraft gegen Deine Feinde.
Ich glaube usw.

1. Vater unser usw.

Gegrüßet seist Du usw.
Selig bist Du, o Jungfrau Maria, die Du den Herrn und Schöpfer der Welt getragen: Du hast denjenigen geboren, der Dich erschaffen, und bleibst Jungfrau auf ewig.
Freue Dich, Jungfrau Maria.
Freue Dich tausendmal.

2. Gegrüßet...

O heilige und unbefleckte Jungfräulichkeit, ich weiß nicht, mit welchen Lobsprüchen ich Dich preisen soll,

denn Du hast denjenigen in Deinem Schoße getragen, den selbst die Himmel nicht zu fassen vermögen.
Freue Dich, Jungfrau Maria.
Freue Dich tausendmal.

3. Gegrüßet.

Ganz schön bist Du, o Jungfrau Maria, und kein Makel ist an Dir.
Freue Dich, Jungfrau Maria.
Freue Dich tausendmal.

4. Gegrüßet...

Deine Gnadenvorrechte sind zahlreicher als die Sterne des Himmels.
Freue Dich, Jungfrau Maria.
Freue Dich tausendmal.
Ehre sei dem Vater, usw.

## II.

1. Vater unser usw.

Gegrüßet seist Du, usw.
Ehre sei Dir, o Herrscherin des Weltalls; führe uns mit Dir zu den Freuden des Himmels.
Freue Dich, Jungfrau Maria.
Freue Dich tausendmal.

2. Gegrüßet...

Ehre sei Dir, Du Schatzmeisterin der Gnaden des Herrn; mache uns Deines Schatzes teilhaftig.
Freue Dich, Jungfrau Maria.
Freue Dich tausendmal.

3. Gegrüßet...

Ehre sei Dir, Du Mittlerin zwischen Gott und den Menschen: mache uns gnädig den Allmächtigen.
Freue Dich, Jungfrau Maria.
Freue Dich tausendmal.

*Anhang*

4. Gegrüßet ...
Ehre sei Dir, Du Besiegerin der Ketzereien und der bösen Geister; sei unsere milde Lenkerin.
Freue Dich, Jungfrau Maria.
Freue Dich tausendmal.
Ehre sei dem Vater, usw.

### III.

1. Vater unser, usw.
Gegrüßet seist Du, usw.
Ehre sei Dir, Du Zuflucht der Sünder; spreche für uns bei dem Herrn.
Freue Dich, Jungfrau Maria.
Freue Dich tausendmal.

2. Gegrüßet ...
Ehre sei Dir, Du Mutter der Verwaisten; mache uns gnädig den allmächtigen Vater.
Freue Dich, Jungfrau Maria.
Freue Dich tausendmal.

3. Gegrüßet ...
Ehre sei Dir, Du Freude der Gerechten; führe uns mit Dir zu den Freuden des Himmels.
Freue Dich, Jungfrau Maria.
Freue Dich tausendmal.

4. Gegrüßet ...
Ehre sei Dir, Du immerwährende Hilfe im Leben und im Sterben; führe uns mit Dir in das Himmelreich.
Freue Dich, Jungfrau Maria.
Freue Dich tausendmal.
Ehre sei dem Vater, usw.

Lasset uns beten.

Sei gegrüßt, o Maria, Tochter Gottes des Vaters. Sei gegrüßt, o Maria, Mutter Gottes des Sohnes. Sei gegrüßt, o Maria, Braut des Heiligen Geistes. Sei gegrüßt, o Maria, Tempel der Allerheiligsten Dreifaltig-

keit. Sei gegrüßt, o Maria, meine Herrin, meine Gute, meine Rose, Königin meines Herzens, Mutter, Leben, Süßigkeit und teuerste Hoffnung mein, ja mein Herz und meine Seele. Ich bin ganz Dein und alles, was mein ist, ist Dein, o über alles gebenedeite Jungfrau. Es sei also Deine Seele in mir, damit sie den Herrn lobpreise; Dein Geist sei in mir, damit er sich in Gott erfreue. Drücke Dich, o getreue Jungfrau wie ein Siegel auf mein Herz, damit ich in Dir und durch Dich Gott treu erfunden werde. Verleihe, o gütigste Mutter, daß ich zu jenen gehöre, die Du als Deine Kinder liebest und lehrest, lenkest und schirmest. Mache, daß ich aus Liebe zu Dir alle irdischen Tröstungen verachte und mich nur an die himmlischen hefte, bis durch den Heiligen Geist, Deinen treuesten Bräutigam, und durch Dich, seine treueste Braut, Jesus Christus, Dein Sohn, in mir gebildet werde zur Ehre des Vaters.
Amen.

## HERZENSERGUSS VOR MARIA

### von dem heiligen Ludwig Grignion

Sei gegrüßt, o Maria, Du vielgeliebte Tochter des Ewigen Vaters; sei gegrüßt, o Maria, Du wundersame Mutter des Sohnes; sei gegrüßt, o Maria, Du treueste Braut des Hl. Geistes; sei gegrüßt, meine teuerste Mutter, meine liebwerte Herrin und machtvolle Herrscherin; sei gegrüßt, meine Wonne, mein Ruhm, mein Herz und meine Seele!

Du gehörst mir ganz aus herablassender Huld und ich bin ganz Dein aus Gerechtigkeit. Aber bin es noch nicht genug. Ich schenke mich Dir aufs neue ganz und für alle Zeiten ohne Vorbehalt. Wenn Dein Auge an mir etwas entdeckt, was Dir noch nicht restlos gehört, so nimm es in diesem Augenblicke hin und mache Dich zur unumschränkten Besitzerin meines ganzen Seins. Zerstöre, entwurzele und vernichte darin alles, was Gott mißfällt, und pflanze, fördere und wirke darin alles, was Deinem Sinne entspricht.

Das Licht Deines Glaubens möge die Finsternis meines Geistes verscheuchen; Dein demütiger Sinn möge meinen Stolz verdrängen; Deine erhabene Beschauung möge die Zerstreuungen meiner unsteten Phantasie bannen; Dein ständiger Blick auf Gott möge meine Gedanken mit der Erinnerung an seine Gegenwart erfüllen; der Liebesbrand Deines Herzens möge die Lauheit und Kälte des meinigen ablösen; Deine Tugenden mögen an Stelle meiner Fehler treten; deine Verdienste mögen mein Schmuck und mein Ersatz vor Gott sein. Bewirke endlich, meine teuere und vielgeliebte Mutter, daß ich nach Möglichkeit keinen anderen Geist habe als den Deinen, um Jesus Christus und seine heiligen Absichten zu erkennen; daß ich keine andere Seele habe als die Deine, um den Herrn zu preisen und zu verherrlichen; daß ich kein anderes Herz habe als das Deinige, um gleich Dir Gott mit einer lauteren und glühenden Liebe zu lieben.

Ich bitte Dich nicht um Schauungen, nicht um Offenbarungen, nicht um Tröstungen, nicht um geistliche Freuden. *Dir* steht es zu, zu schauen, ohne in Dunkelheit zu wandeln; rein zu genießen, ohne Bitterkeit zu verkosten; glorreich zur Rechten Deines Sohnes zu thronen, ohne Verdemütigungen zu erleiden, unumschränkt den Engeln, Menschen und bösen Geistern zu gebieten, ohne Widerstand zu erfahren; endlich über alle Gnaden, die von Gott kommen, ohne Einschränkung nach Deinem Gutdünken zu verfügen. Das ist, o himmlische Mutter, der bessere Teil, den Dir der Herr beschieden hat, und der Dir nie wird genommen werden. Wie groß ist meine Freude darüber!

Was *mein* Los betrifft, so will ich hienieden kein anderes haben, als Du zu Lebzeiten gehabt hast; ich will im reinen *Glauben* leben, ohne fühlen und sehen zu wollen; ich will frohgemut *leiden*, ohne Trost bei den Geschöpfen zu suchen; ich will mir Tag für Tag *absterben*, ohne in diesem Bestreben zu erschlaffen; ich will bis zum Ende meiner Tage rastlos und selbstlos für Dich als der letzte Deiner Diener *arbeiten*. Die einzige Gnade, die ich von Deinem huldvollen Erbarmen erflehe, ist die, daß ich alle Tage und alle Augenblicke meines Lebens ein dreifaches *Amen, ja — Mutter* spreche: *ja, Mutter,* zu allem, was Du auf Erden zu Lebzeiten getan hast; *ja, Mutter,* zu allem, was Du jetzt im Himmel tust; *ja Mutter,* zu allem, was Du in meiner Seele wirkst, damit Du allein in mir Christus die volle Verherrlichung gebest in Zeit und Ewigkeit. Amen.